大展好書　　好書大展
品嘗好書　　冠群可期

大展好書　好書大展
品嘗好書　冠群可期

理財投資8

投資於「機」
——股市58類商機大公開

黃國洲 著

大展出版社有限公司

序

　　這是一本會令技術分析折服的書，因為它不講究技術分析，講求「商機」！在商機面前，技術分析毫無作用，因為商機可以讓技術分析被迫轉彎、可以讓技術分析起死回生，惟有商機才是任何投資所追求的根本！

　　困擾投資的最大問題，乃在於股海浩瀚，不知該如何研究？大部分人都是一頭栽進技術分析領域，然後花費數年功夫，乃至數十年功夫，才領悟光是技術分析無法精通投資之道。甚至，有人終身不悟技術分析的盲點。統計數字更指出，投資專家的勝率還不如亂射飛鏢的猴子。筆者有鑑於此，先後出了六本著作，引導投資人從籌碼角度去觀察股市真相，猶如開啟股市一盞明燈。

　　不過，籌碼雖好，沒時間天天做功課的人，仍然無法跟上股市脈動。若有一種研究，能事先知道籌碼「為何」移動以及「即將」移動；可先於籌碼移動前佈局，豈不是投資一大樂事！

　　知道籌碼未來變化，也等於知道股價未來變化，天下哪有這麼好的事！不過，筆者在投資顧問公司擔任研究主管十年時間裡，就是企圖破解這個難題。在漫長的研究

時間下，終於讓我找到這把通往財富之路的「所羅門王之鑰」，這把鑰匙就名為：「投資於機」。

本書《投資於機》分為兩大部分，第一部名為「投資於心」是突破既有投資觀念，第二部名為「投資於機」是尋找「商機」方法。先有了第一部分觀念的突破之後，才能再往下尋找到真正的「商機」。所以，讀者應耐心地依順序把書看完。

筆者在研究部訓練旗下研究員時，或多或少也教導研究員尋找商機的方法。然而這本「投資於機」則是完整歸類「尋找商機」的方法。條列整理之後，居然高達五十八項之多。

我有信心，任何人只要先悟得第一部「投資於心」中的觀念；再專精第二部「投資於機」五十八項其中的二~三項，就會是一位很優質的投資人。

而我更期望，本書所教導的秘訣，能為讀者創造出個人的最大財富。因為投資於「機」，乃是一門可用心、可收穫的投資之學。用心越多，收穫越豐，實踐越多，財富越廣。不但適合專業的股市研究員人手一冊，更適合投資人自己潛心研究。

正所謂「師傅領進門，修行在個人」，相較於一般投資人，只能在股海中載浮載沉；投資於機則是讓人有明確的著力點，只要花點功夫按照書中的方法，便可找到屬

於自己未來的投資商機。時候到了，錢潮自然滾滾而來，豈不樂哉？又何必要「一窩蜂」去亂投資，弄得自己灰頭土臉，欲速而不達呢？

　　希望這本《投資於機》一書，能開啟您對投資商機的新視野！

目 錄

第一部

投 資 於 心

投資與投機之異同

股市投資一向不是真正的投資，真實的投資在於投入資本後，得經過一番「商業運作」，才能得到利潤。過程為：運用資金→商業運作→本息增加。有了以上的過程，才能算是真正的投資；當然，也有可能在經過一番商業運作後，資金減少，變成虧損。這也算是投資，不過是投資失利！

無論結果如何！原則上，投入資金的「目的」，主要是去經營一番商業活動，而不是一開始，便只打算「轉讓」持股來獲利。若只是為了轉讓持股獲利，那麼與「老鼠會」又有什麼不同？老鼠會的運作，也是盡量吸收下線，靠下線繳的錢來讓自己獲利，並不真正從事商業運作。難怪，目前仍有許多人都把券商稱為「號子」，號子與耗子同音，或許是暗諷為老鼠。俗語說：「飼老鼠咬布袋」，耗子就是代表不生產只破壞！

「經營商業」才是投入資金的主要目的，若是讓別人購買自己持股，則是「移出」投資。自己交出去了「獲利的權力」，自然不能算是獲利，只能算結束投資。移出持股可說是與當時投資之目的相反，與投資目的相反，當然更不能算是投資。

可是現在的股市投資，卻把「交易持股」當成是投資的主要目的，已經完全忽略投資的最重要意義——「經營商業

本體」。是在「開倒車」，只會離目標越來越遠！

　　現在的股市投資人，最在乎的是股價的漲跌，在乎的程度早已超越關心公司營收的狀況，這是完全錯謬的觀點。投資人就算是關心公司營收的起伏，其目的也是因為關心股價會因此產生漲跌變化，這才關心公司營收；並非把公司營收好壞，當成投資的檢驗，而是把股價漲跌，當成投資的檢驗。

　　這樣的情況有個比喻可循，就像是一個男人喜歡上一個美女，動機不是自己喜歡那位美女，而是希望讓別人羨慕自己擁有那位美女，滿足自己的虛榮心。若是投資股票，只是在追逐股價的高低，忽略公司的營運本質，就如同男人追求女人，只是追求浮華的虛榮心而已，縱使賺到錢，也不實際！

　　若要論股市是否有投資成分？應該只有所謂「初級市場」可以稱之為投資。何謂：「初級市場」？初級市場又稱發行市場，發行者為籌募資金，將發行之股份，首次出售給予購買者之交易市場。

　　但是並非所有投資人，皆有管道或能力可直接參與初級市場的交易，於是便產生我們看到股市中最經常交易的行為──「次級市場」。又何謂「次級市場」？次級市場又稱交易市場，泛指初級市場以外交易市場，即股份由原始投資者再售予其他投資者之交易行為所構成的市場。

目前的股市正是次級市場，這才是目前股民決勝負的大本營，初級市場只提供投資人「賭勝負」的籌碼，真正國家能到抽稅收、股民能賺錢的場所，都在於次級市場交易裡運作。

初級市場的本質，主要還是在為商業公司爭取營運資金，屬商業運作。但是到了次級市場，在本質上已經脫離商業運作模式，預測股價漲跌成為了主要的商業活動，在次級市場裡，已經算是在「投機」而已了。

現在股市成交值，99％的交易來自於次級市場。因為初級市場只能交易一次，之後，股份便落入次級市場中交易，任由投資人天天買賣，股權成為交易籌碼。故我們說「股市就是投機」市場，一點都不為過！

筆者算是股市業內，也非衛道之士，自然不會建議投資人不去股市「投機」，只是想在第一篇，就先向投資人說明：目前我們所處的環境是「投機」，投資只是它的「假象名稱」而已。了解了這一點之後，我們便馬上翻身一變，從一個投資人變成一個「投機人」！

投機不好嗎？不！因為我們可以選擇投資於「機」。能投資於機，才是真正在預測未來的股價漲跌，因為這個「機」，就是「獲利的契機」，它可能是「良機」、「轉機」，甚至是「危機」。若投資少了這個「機」，投資股市才真正叫作「投機」。若虧損率大於獲利率卻仍貿然進

場，又長期在股市中打滾、殺進殺出，毫無章法與依據，只憑運氣與直覺；這樣的投資，才真叫作「投機」，更叫作「賭」。我們要「投資於機」之前，可千萬先分辨清楚，「投」資於「機」與「投機取巧」是完全不相同的。

　　真正的投機就是：「投」資於「機」！

上下交相賊VS投機不取巧

筆者知道有些企業主千方百計想把自己的公司規模擴大，營收弄得漂亮。目的不在經營企業上，而是想要把公司弄到上市（櫃）市場，甚至興櫃市場也沒關係。目的就是為想炒作股票，大撈一筆。經營公司已經變成經營賭場，真是奇也怪哉！

宋朝歐陽修有一篇〈縱囚論〉，曾犀利的批評前朝唐太宗說：「夫意其必來而縱之，是上賊下之情也；意其必免而復來，是下賊上之心也。吾見上下交相賊以成此名也，烏有所謂施恩德與夫知信義者哉？不然，太宗施德于天下，于茲六年矣。不能使小人不為極惡大罪，而一日之恩，能使視死如歸而存信義，此又不通之論也。」

現在股市不但是投機，也是上下交相賊，經營者揣測投資人的心態，股民也揣測經營者的心態，雙方都在交相賊。真的投資這樣的公司每個人都會吃虧，最後，上下都沒佔到便宜，縱使經營者也撈不到好處，因為投資人也不是笨蛋。

反之，能獲利者，常是不關心股價漲跌的經營者，天天為訂單打拼的經營者。看似呆人，最後，卻總能名利雙收，既收營收之利，又收股價上漲之功。一舉而數得，其樂也融融！正因為經營者懂得取捨，非份之財不取，努力賺取自己的經營之利，這才能名利雙收。

太注意自己公司股價的經營者，就好像是一個得到了高血壓的人，天天只注意自己的血壓有沒有升高，天天量血壓，什麼收縮壓、舒張壓弄得一清二楚，但卻忽略了造成自己血壓升高的基本問題。天天還在大魚大肉、喝酒熬夜，就算每天都注意自己的血壓升高了沒，對於病情，還是沒有多大幫助。難保哪一天，天氣突然一冷，血管一收縮便中風了。就算天天服用降血壓藥，壓抑血壓升高，也難保不會有一天，身體長期吃藥，副作用反撲過，變成不可收拾的局面。

不但有經營者是如此，現在的股市投資人也很像上述經營者的例子。每天只注重股價的漲跌變化，卻忽略公司經營事業的體質強弱。看到股價漲，不管三七二十一，先卡位進去再說；看到股價跌，也跟著殺紅眼，先殺掉持股再說。投資股市變成只是一種「金錢遊戲」，成人的數字遊戲。而且每次股市下跌，都還常常會跟政治扯在一起，企圖要政治綁樁，甚至威脅政府。

我們常常可以在電視上看到某位大戶，每次遇到股市大跌，便常常放話說：「若股市繼續跌下去，我看今年的某某選舉，執政黨就不用選啦！」儼然他已經成為股市投資人的總代表；而更扯的是，執政黨也常常因為股市下跌，而祭出一連串的護盤行動。這樣的行徑，和歐陽修〈縱囚論〉中諷刺唐太宗的縱囚是「上下交相賊！」不也是同出一轍嗎？

若把這樣的股市投資，當作是真的商業投資的話，我們

也只能說股市是國家開設的「賭場」。對於這樣的賭場，我們所能在裡面做的，自然也只有投機而已，不過縱使投機，我們還是有其他的選擇，那就是投機不取巧！

何謂「投機不取巧」？與投機取巧又有何不同？成語「投機取巧」源於《莊子・天地篇》：子貢南遊於楚，反於晉。過漢陰，見一丈人方將為圃畦，鑿隧而入井，抱甕而出灌，搰搰然用力甚多而見功寡。子貢曰：「有械於此，一日浸百畦，用力甚寡而見功多，夫子不欲乎？」為圃者卬而視之曰：「奈何？」曰：「鑿木為機，後重前輕，挈水若抽，數如泆湯，其名為槔。」為圃者忿然作色而笑曰：「吾聞之吾師，有機械者必有機事，有機事者必有機心。機心存於胸中，則純白不備；純白不備，則神生不定；神生不定者，道之所不載也。吾非不知，羞而不為也。」子貢瞞然慚，俯而不對。莊子在此所謂的「功利機巧」，後來便成為「投機取巧」成語的典源。

但本書的投機卻是「投資於機」，非等於「取巧」，把投機與取巧分開，只投機不取巧。筆者的投機，是指投資於「時機」、「契機」、「轉機」、「良機」、「危機」……等等即將改變未來之商機。

股市投資若一路平順，也就天下太平，沒有以上那些「機」可用。偏偏股市天天充滿變數，股價更是高高低低起伏不斷，今日的危機，可能是明日的轉機；今日居安，可能

明日就得思危。投資路上一點也不平順。但是有起伏出現，也才有這些「商機」的出現！否則，富人永遠富有，窮人永遠貧窮。若沒有人可以依靠自己的「努力、膽識」取得財富，那麼社會就沒有公義可言，也不是自然界能夠接受的定律。自然界永遠是「優勝劣敗」，社會上永遠是「富不過三代」，這些起伏的「商機」，才是改變財富的契機，也正是真正投資者所要找尋的良機！

　　要找以上那些「機」，並不講究「取巧」，而是講究「取實」。取巧乃是方便之門，想要投資以上那些「機」，則是需要花功夫「尋找、審勢」，要花心血與時間去研究，才會得到努力的結果。除此之外，還須經過「待機」的煎熬，最後才能一飛沖天，一鳴驚人，絕非取巧之徒所能比擬！投以上之「機」，更非孟子所曰：「為機變之巧者，無所用恥焉。」反而是知恥、用恥，腳踏實地的從頭做起，才能確切掌握進場的「時機」。

　　投機就是：取實不取巧！

想投機,憑什麼?

想投機,憑什麼?既然我們已經了解,想在目前股市上「投資」,根本就是不可能的事情,之後我們還做些什麼?那就只剩下「投機」。而想投機,憑什麼呢?憑運氣嗎?當然不是!若只僅憑運氣就太糟糕了。若僅憑運氣,那麼多的研究機構、那麼多的研究報告、那麼多的技術分析理論,就通通可以丟掉了。這麼多的社會資源已經投入股市研究之中了,當然要好好充分利用一下。

但是真的可以憑藉這些研究報告、技術分析來獲利嗎?非也!研究報告雖也具有前瞻性,但對於公司的未來營收預估卻往往失誤。因為這些數據都是出自公司,所以,已經先落入公司的陷阱之中而不自知,當然再用這些數據去推論,自然錯誤連連;所以,縱使有上百家以上的投資研究機構,每天出一堆報告。但是,真正能完全研究命中未來現況的研究報告,可說是少之又少。所以,想單靠投資研究機構所出的研究報告來獲利的話,可說是緣木求魚。

但若想靠技術分析來獲利的話,則更加鳳毛鱗爪,難得一見。任何的技術分析,都是用已發生的數據,來加以推算。所以,等於是用過去走勢,來預估未來的走勢,完全牛頭不對馬尾,更是不值得信賴。因為未來不等於過去,過去會發生的事情,未來未必會在同一狀況時就會「同樣」發

生。所以，若想完全依靠技術分析，來判斷未來股市走勢的話，必定失誤連連。

若讀者不相信，我們可以拿現在實際狀況來當例子！現在的投資人哪個不會技術分析？哪個人沒有券商提供的研究資訊？但是，有效嗎？以上兩者，假若都可以讓投資人在股票投資獲利的話，那麼現在的股票市場，想必都是充滿贏家，而非二八法則中的，只有二成的贏家，八成是輸家。

股市中，輸家一定會比贏家多！為什麼？因為依照「零合遊戲規則」全部拿出去的錢，要等於全部拿回來的錢。但在股市交易的過程當中，中間還有交易所手續費、券商手續費、政府交易稅等費用支出。所以，拿回來的錢，絕對不可能等於拿出去的錢，所以，在遊戲規則當中，已經先規定「輸家一定會多於贏家」。

在股市之中，輸家一定佔絕大多數，故想投機，就不能與輸家有共同思維，也就是不能落入與「市場大家」有共同思維。一旦，自己的思維與市場思維一致，就已經落入輸家的思維當中，那就上臉書FACE BOOK（非死不可）吧。

股市是充滿慾望的地方，眾人聚集之處，都是口耳傳言不斷，但是千萬不要落入這些傳言當中，否則就會成為眾人的一部分，股市投資不是賺錢，就是賠錢，跟著大眾，縱使一時賺錢，最後也一定要賠錢，因為眾人就是輸家。

股市更像是一個修煉的場所！修煉什麼呢？修煉「拒絕

誘惑」的能力！拒絕什麼誘惑呢？拒絕成為眾口鑠金一份子的誘惑。所以想在股市中投機，就是要先「憑」這個「拒絕成為眾人」的能力。

所以，想投機，憑什麼？就是憑「與眾不同」，只有與眾不同，才能脫離市場的思維，只有脫離市場思維，才有機會進入贏家思維，能進入贏家思維，才有希望贏錢。

我們說過：「市場永遠是對的」，因為「市場」是投資的「裁判」。投資的對不對！都由市場價格來定奪，若市場定奪你是輸家，你便是輸家，市場認為你是贏家，縱使是誤打誤撞的操作，也是贏家，夠瘋狂了吧！

筆者在前一本書《籌碼商機論》中就曾提過內在財富法則之一，便是要找到「瘋狂」，因為瘋狂會讓股價狂飆，只要跟隨瘋狂，就會成為贏家。「找到瘋狂」和「與眾不同」似乎背道而馳。其實，兩者剛好是「殊途同歸」。為什麼呢？因為在股市之中，能瘋狂的人會有多少？一半以上？不！真正能瘋狂的人少之又少，君不見一般人不是都理智的看待所謂瘋狂fans（粉絲）嗎？正因為fans（粉絲）夠與眾不同，所以，一般人才會認為fans（粉絲）夠瘋狂與大眾不同。相同的道理，能夠在股市瘋狂的人也絕對不多。

絕大多數的人都太理智了，都理智過頭了。但是等到最後時，卻往往把持不住，因為理智壓抑太久，最後壓不住，只好爆發出來，爆發時雖然瘋狂了。但是很抱歉，其他理智

的人也爆發了。大家都爆發了，大家又成為市場共識，即使是瘋狂也算是正常，大家共識之後，又只好再一次接受成為輸家的命運了。

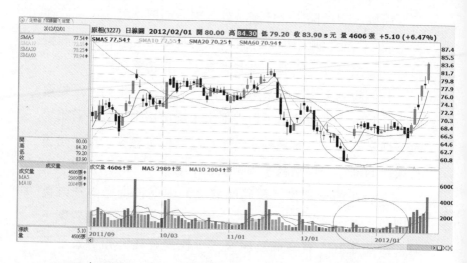

　　圖中圈圈的地方，股價下跌，成交量小，敢在那裡進場的人就是瘋狂的人，因為他們與眾不同，當時該股原相股價最低來到60元整，若沒有瘋狂的人，是不會去買它的，而且成交量也夠少，符合與眾不同。而一般正常的、理性的投資人，則只會在推上去之後，才敢進場。當時股價連漲六天，已經從60元，來到84.3元，漲幅高達40.5％。這時才爆出大量出來，那便是理性投資人去追價的結果，又是大家有志一同，看法趨於一致。雖然，還不能斷定輸贏，但已經先輸瘋狂的人有40.5％的利潤空間了。

　　所以，「尋找瘋狂」和「與眾不同」，其實是同一件事情。若要更清楚的定義，在股市中如何「與眾不同」？我們可以說成「與眾不同就是比理智的人早一步」，一般人若只想到一個月後的變化；與眾不同之人，就要想到一個半月之後的事情，永遠要比別人多想遠一點，這樣一來，自然可以與眾不同了，眾人看你，也覺很瘋狂。

　　投機就是：與眾不同不一定就是贏家，但是贏家一定是與眾不同的！

終極內在財富指標

在我的《籌碼商機論》一書當中，曾經揭露，在投資學上從未有提及的股市內在財富法則。該法則是延續投資大師約翰‧坦普頓提倡的「內在財富」之論，把焦點聚焦在投資股市上，其精神是「在股市中能獲利者，都是找到『內在財富』的人」。股市投資獲利，只是內在財富的外在表象而已，真正的投資獲利，是來自於投資內在財富。若投資人沒有內在財富，沒有依循內在財富法則，是不可能會有外自財富會顯現在股市獲利上的。

筆者在《籌碼商機論》一書當中，共揭露了16項股市內在財富法則，包括：

1. 每人都有一份投資寶藏圖，專研你從事的工作！
2. 以愚勝智，遵守原則，勝過朝令夕改！
3. 面對災難，你有兩種選擇，危機入市，已經沒有危機！
4. 市場充斥著「非實話」，用內心「思考」破除非實話！
5. 坐吃山不空，別急著把錢花在消費上，請先投資！
6. 放棄「股價」，專心「趨勢」，放棄股價成見，專注「趨勢」！

7. 永遠有順勢派與轉折派，搞清楚自己的操作屬性，別跟著市場起舞！

8. 股市的節奏很緩慢，絕對勝率：一年一買賣！

9. 覆巢之下無完卵，大盤多空比個股多空還重要！

10. 國安基金進場，跟著撿便宜，別跟政府作對！

11. 資訊不對稱，才有獲利空間，尋找還未被發掘的獨家資訊！

12. 無中生有的產業，最能享受高倍本益比，無中生有的產業，要大膽投資！

13. 股市就是需要瘋狂，找到瘋狂，跟上去就對了！

14. 類股的「相生相剋」邏輯，有得就有失，找出相生相剋的另一邊！

15. 不完美操作原則，「不完美操作」才是原則！

16. 「野性」才是美，具有野性的投資，才是最美的！

　　這些法則是筆者花了近10年時間，逐一體驗、個別實踐之後，才整理出來的心得。條列在一起之後，連筆者也感到驚訝，股市中之「內在財富」竟然有如此之多。若投資大師約翰‧坦普頓尚在人世（約翰‧坦普頓先生出生於1912年，逝世於2008年，享年96歲），筆者自當呈現予先生指教。可惜與先生失之交臂，頗有孔孟之道一脈相傳之趣。（孔孟兩人相差179歲，孔子歿後107年，孟子方才誕生，但儒家學

說，卻由孟子繼承發揚光大）

上述之16條原則，其中任何一項原則，只需徹底執行，都有挖掘不完的內在財富，就如同已經挖到同一金脈的不同礦區，只需持續經營，都能直達金脈的最富饒之地。

舉例來說：第六條原則「放棄股價，專心趨勢，放棄股價成見，專注趨勢！」若投資者能時時記住此項原則，觀察股市時，能完全拋開對股價的先入為主觀念。時時觀察股市，都是以「趨勢」為最優先考量，就完全不會被超低價給吸引、也不會被高價股所懼怕。一切衡量得失，都以股票的趨勢為主的話。就絕對不會買到弱勢股，手中持有個股一律都是強勢股，一旦變成弱勢股，趨勢走跌，便會立刻脫手，絕不會手軟。一旦發現強勢股，也勢必會跟上去，毫不猶豫，絕不會放手。這樣一來，股市投資有何虧損可言？縱使略有一、二檔虧損，也會被其他個股獲利輕鬆彌補過來。時時觀察操作持股，都秉直專注趨勢的精神，不出三、五年，便已成富豪！

再舉例來說：第十五條「不完美操作原則，不完美操作才是原則！」建議投資人不要買在最低點、不要賣在高點，要用小單試水溫、要停損、要分批買、要一次出清，這些看似都是不完美的操作，都沒辦法賺飽荷包的操作。卻是十分完美的投資原則，正因為，這些手法是不完美的。因為在股市上，沒有專家只有贏家、輸家，贏家的特質，就要能吃悶

虧，要裡子但不要面子，不會跟其他人計較輸贏，只顧好自己的荷包！若能做到這樣的境界，投資股市還會輸嗎？當然，不會！

然而「股市的內在財富」就只有這一十六項而已嗎？當然不是！先前說過，股市內在財富，就好像深藏在山下的金礦，只要在對的地方挖掘，遲早都會找到金脈。而所謂「對的地方」，就是本篇要告訴讀者的「終極內在財富指標」。只要依循這個指標，任何人都可以挖掘到「內在財富」！甚至「終極內在財富指標」可以放置到任何行業都適用，進而產生無限多的「內在財富」法則。

這麼神奇！當然，否則，怎麼會叫做「終極指標」呢？筆者也是在歸納以上一十六項原則時，無意中發現其共通性的。就像很多的偉大發明，都是不斷的嘗試失敗，並歸納有可能成功因子之後，最後才出現正確的發明；發掘「終極內在財富指標」也是如此！

「內在財富」之終極指標就是：「別急著賺『錢』！」從文字上來看，是不是很矛盾？或許吧！但是，若點破其中奧妙之後，便會豁然開朗了！為什麼「內在財富」之終極指標是「別急著賺『錢』」呢？

因為「錢四腳，人二腳」，想要用人力直接去追尋「錢」這種東西，是最追尋不來的。而且「錢」通常都是在別人的口袋裡，想讓別人無緣無故就掏錢給你，那更是不可

能的事情。於是便要轉個彎,讓錢自己去找到你。讓錢會自己去找你的方法,這才是「內在財富」的真義。

有「內在財富」,當然也會有對應的「外在財富」。坦普頓先生曾用了一個特別的概念,來形容內在財富轉化為外在財富的形式,那就是「精神紅利(spiritual dividends)」。「精神紅利」來自一個人的精神財富。精神紅利回饋於內在心靈上有兩種型態。一為內在紅利,是對靈魂的回報(dividends in the soul),表現是你會熱愛你所從事的獲得內在財富的行為;二則是更高層的表現,你會因為你具有內在的財富而獲得心靈上的安寧(peace of mind)。而精神紅利在外在的表現上,則是獎勵給與你的內在精神財富,相匹配的外在物質財富。

也就是說從事開發「內在財富」時,是不會馬上有「外在財富」出現的!若你從事的投資,馬上就會有「外在財富」出現的話。那麼就已經不是開發「內在財富」了;或許,那是正在展現「內在財富」所出現相匹配的外在財富;但絕不是在開發內在財富。

我們舉個例子來說明,一個紅透半天邊的國際歌星,他之所以可以賺到令人稱羨的大量金錢,絕不是因為他很會撈錢,而是他很會唱歌,對不對?因為他很會唱歌,所以,衍生出來,很多人很喜歡聽他唱歌,再衍生出來,很多人會買他的音樂CD,很多人去聽他的演唱會。就這樣,很多人

捧場之下，他才變的很富有。對不對！所以，他的「內在財富」是他的歌喉、作曲、歌詞、演唱會等等吸引人的地方。而不是在未成名之前，直接拿張CD對別人說，我很會唱歌，請買我CD、請來聽我演唱會，請花錢聽我的歌聲！若落入這樣的情境，就是去追求「外在財富」了。

或許，有人會因此而買，但是這也是「內在財富」先吸引了他，才讓他花錢買CD，例如，一個國際巨星站在街頭上賣自己的簽名唱片，一定比一個名不見經傳的小歌手賣簽名唱片，要賣的更快、更多！正因為國際巨星的內在財富，勝過小歌手的內在財富，故很容易讓外在財富流露出來。

上述的例子，便很清楚的解釋出，追求內在財富與追求外在財富的差別。一個沒有內在財富的人汲汲去追求外在財富，是很辛苦的。因為別人不會願意，把自己口袋裡的錢掏給你。只有當內在財富夠的人，才能輕易的顯露與內在財富相匹配的外在財富。這就是為什麼「鼎泰豐小籠包」一籠要價數百元，卻還是一堆人排隊買？而鄉下路邊攤一個大包子只賣10元，卻乏人問津！重點就在於「鼎泰豐小籠包」的內在財富很結實，而鄉下路邊攤一個大包子只賣10元，卻因為未開發其內在財富，想直接賺外在財富，所以很難。

筆者不是認為鼎泰豐的小籠包就會比鄉下路邊大包子好吃數十倍，而是鼎泰豐開發其商品的內在財富，包括精心的選材、精心的製造、銷售地點、廣告包裝等，通通經過專精

的研究，而這些都成為他們在追求的內在財富，於是外在財富自然顯現出來。但是鄉下路邊的大包子，可能在材質、地點、製作上通通不講究，於是沒有了內在財富，自然不會有外在財富顯現；所以，最後終究乏人問津！

故「內在財富」之終極指標，便是「別急著賺『錢』！」甚至，在追求內在財富的同時，千萬不要馬上去接收外在財富，若是太快去接觸到「外在財富」，則內在財富的累積的爆發力就會消失，就像氣球有個小破洞，便永遠吹不大一樣，會漏氣的內在財富，就變成只是在追求外在財富的「變相」而已，成不了大氣候！

所以，若運用以上的技巧在投資股市上，我們便可以馬上判別出內在財富與外在財富的差別。例如別人報你一支明牌，縱使你當天買進，也馬上漲停鎖起來，這便算是外在財富，這樣的外在財富，是沒有辦法留存起來的，因為它沒有內在財富相對應。明天你可能就會擔心是被別人設計，開始跌停板！因為你根本不知道它為何漲停板？

而若你依照內心財富法則第一條：**每人都有一份投資寶藏圖，專研你從事的工作，用心研究你懂得的行業。** 最後，抓到產業淡季機會，投資下去，沒多久股價果真如你所研究，開始上漲，那就是內在財富開始顯現了。這時候，你會輕易賣掉股份嗎？當然不會，因為你有做過相對的研究，對於股價上漲有信心，於是不會在股價震盪時，便開始出貨。

這便是內在財富顯露出相對應的外在財富。你是研究產業而獲利，並不是研究股價走勢而獲利，也不是道聽塗說而獲利，故獲利可以留存起來。

但若只是聽別人報的明牌，持股便沒有什麼信心，或許很快就會出脫，甚至，只是被別人騙去買了，反而套牢、虧損。所以，同樣是花錢買股票，兩者內涵不同，差異就有天壤之別了！

若你找到一個內在財富法則，但不確定是不是真的內在財富？只需注意它是不是馬上吸引了錢，若馬上吸引了錢。抱歉，那只是外在財富而已。真正開發內在財富，是不會馬上與金錢掛勾的。而是先獲取「精神紅利」，再由精神紅利吸引外在財富。這樣的財富，才是真正可以長存在身邊的財富。

我們本書投資於「機」的精神，就是要投資者暫時忘卻當時的股價，而前瞻於未來的「商機」，這商機或許是「時機」、「契機」、「轉機」、「危機」……等等各種機。目的就是要符合內在財富法則終極指標當中，別直接與外在金錢掛勾的絕對原則。

雖然說當天買進，當天漲停板很過癮，但是別忘記「趙孟之所貴，趙孟所賤之」，漲停板能給你快樂，跌停板也能讓你痛苦！能夠無緣無故接觸到漲停板的人，有朝一日也會碰到跌停板。只有稍微遠離股市一點，股市的漲跌停才會沒

有殺傷力，才能真正享受投資的快樂。

　　真正的投資獲利，不是在於股價加減數字當中；真正的投資獲利，是在形而內的投資內涵。本書在後面的各篇當中，會分享很多尋找商機的技巧，這些技巧才是符合形而內的投資內涵，符合累積內在財富，適時顯露外在財富的精神。

　　投機就是：找到自己的股市內在財富！

投資「危機」

《易經》說易有三易，分別為：「不易、變易、簡易」，投機的「機」則有更多解釋，最簡單的說法，就是說成「機會」。

但這機會也可分成看好與看壞這兩種，看好的自然不用說，就剩下找「時機」切入即可。很多時候更可能是「危機」，而這危機卻可以轉成投資的「良機」。此時若把握時機，「投資危機」收穫反而更加豐碩。

投資危機，不能投資在危機的當頭，投資危機要投資在「危機」爆發之後。投資在危機之後，其實比在平時，更安全，獲利更佳！

為什麼？因為不漲不跌，就不叫做股市。公司危機一旦出現，便造就了相對應的下殺力量，進而產生跳空缺口，這缺口就是未來利潤盈餘的起碼空間。

在太平盛世時，縱使經營者再努力，也只能讓公司維持在稍微成長的空間中。不過，危機一出現，卻會將太平盛世時的股價空間，一把砍掉一大半，甚至超過預期的深。股價很容易拉回到最原始狀況，甚至比最原始狀況時還糟糕。這時候危機已經爆發，縱使股價暫時還看不到止跌點、最低價出現。這時候就算進場投資，起碼比投資在太平盛世時，省很多錢。

　　這很像是要買剛過季的衣服一樣，即將過季的衣服，店家打個七折八扣出售是正常之事。雖然等到正式換季之時，可能會更便宜，可能打到五折、三折，但也有可能真正質料好的衣服，已經在七折八扣時就先被別人買走了。

　　股票也是這樣，有時候好公司遇到倒楣事，股價打個七折八扣時，浮額的籌碼、散戶的籌碼早被有心投資者給收光了，雖然整體大盤還在下跌。但是，個股的股價卻早已不跌，撐在那裡。

　　這時就很像，真正好的衣服已經先被人買走一樣。若再不出手買，最好的切入點就錯過了。所以，**股價絕對沒有要回檔到哪裡，才是真正買點的規定，凡是只要趁「危機入市」**，通常就是好買點！

　　這樣的大膽買進，會牽扯到一些迷思，我們知道從80樓跳下去會死，從8樓跳下去照樣也會死。我們怎麼知道，切入的時機會不會是在八樓呢？這個問題沒有人可以回答你，因為連股神巴菲特也不知道。

　　但筆者卻知道，若能撐住在8樓位置時的股價震盪，就會擁有再度拉回到80樓的機會，那可是享受72樓的利潤空間呀，這就是危機入市的契機呀！

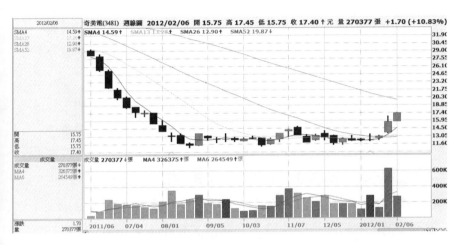

　　上圖奇美電（3481）雖然已經是僅次友達台灣第二大面
板廠，但是，由於面板產業成長性受限，又有韓國廠、中
國廠的殺價競爭，使得當年度營收虧損，毛利率還是負數
的。但由於當時近期傳出蘋果公司將推出iTV產品。而蘋果
公司最令人佩服的地方，就是常常可以把日常生活的電器用
品，改造成令人愛不釋手的玩具，像把音樂MP3變成ipod、
手機變成iPhone、平板電腦變成ipad等，然後風行全球熱銷
產品。繼以上三者之後，蘋果又瞄準智慧電視iTV，同樣令
投資人引領期待。由於奇美電與鴻海同為集團公司，而鴻海
乃是接蘋果單的大廠，於是奇美電也相當有機會接獲到蘋果
單。奇美電（3481）股價在上圖中，股價剛剛轉強，已經突
破從六個月以來，股價在13元附近整理的大底部區，算是危
機已經出現，再來就是等待轉機，當時投資正是良機。

投資若能遇到「轉機」，更是可遇不可求！最好的轉機，就是跟著危機出現之後的轉機，對於投資而言，簡直是量身打造的大好機會。

轉機就像一個人在一生當中，居然出現二次青春期，幾乎是不能的事。但是上市櫃公司卻偶而會遇到這樣的機會，若公司出現經營者換人，改頭換面帶來新氣象、公司可以有徹底轉型機會；像威盛當時接觸智慧型手機，手機部門不但持續壯大，最後還直接獨立，新成立一家名為「宏達電」公司，把HTC品牌推向國際，成為僅次於apple之iphone的第二暢銷產品，宏達電也因此登上台灣股王寶座，持續幾年時間。

但是，好景不常，雖然宏達電的股價一度曾是三千金的會員，股價也一度高達1300元，榮登股王寶座。但是在全球景氣不佳，市場改走低價智慧手機風，以及公司又與apple公司有侵權官司，股價最低回檔至403元。這算是宏達電最大的危機了，這時候投資宏達電，就有點已經掉到8樓的位置。

平心而論，一家能代表台灣走進國際的品牌，代表台灣自己品牌的產業，在股市中確實是鳳毛鱗爪，若不趁低價時多投資一些，更待何時呢？忍住震盪，就能切入台灣最會賺錢的公司，有何不可呢？

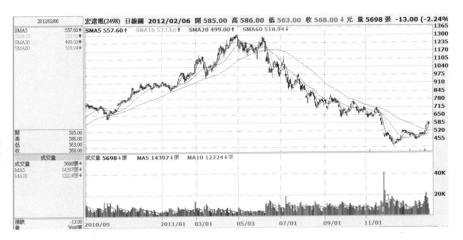

　　上圖為宏達電（2498）走勢圖，宏達電好公司遇到倒楣事，股價溜滑梯從1300元，溜到403元，不過，在公司與apple官司告一段落之後，股價重新站上月線、季線、半年線，算是最差時間已經過去。此時「投資危機」正是最佳時刻，比1,300元時買進的投資人，一張要省卻2/3價錢，一張將近百萬元的資金。

　　投資危機的真義，就在於必須要「投資好公司」，好公司才值得在危機時投資。若是一家營收爛、產業爛、夕陽產業的公司，就算沒有危機，也不值得在平時投資，更何況是出現危機之時。所以，唯有具備特殊獲利能力的公司，才是值得「投資危機」。

　　危機、商機是一體兩面，一個往負向道路上走、一個

往正向道路上走。兩者都走在起起伏伏的路上，但是起起伏伏，都是投資良機。

投機就是：有危機才有商機！

主力投機嗎？不！他投資。

縱使我們說股市是國家開設的賭場，但股市仍不同於賭場，賭場凡事憑運氣、憑手氣來賭輸贏。玩家往往是輸家，因為莊家的勝率較玩家大的太多。雖然玩家一次中獎能賺到的錢，看似非常可觀，像拉bar、梭哈、樂透，若是中頭獎，肯定一夕致富。但是就怕天天玩，也永遠等不到中到頭獎的那一天。賭場深知「機率」的偉大！機率大的人永遠較機率小的人吃香。

股市比賭場好的地方，就在於股市是不比機率的，股市沒有機率可言，股市就是股權的交易市場，是買賣，不是機率。所以，股市中比的是「買氣」，買氣能持續暢旺嗎？買氣會不會中途「落跑」呢？買氣敵不敵得過賣壓嗎？買氣會不會一波接一波到來呢？這些買氣問題，若有人可以確實知道的話，那麼他在股市一定是大贏家，而且是富可敵國的大贏家。若有人知道買氣的去向，等於知道未來股價的走向！

買氣的問題連股市中的主力都不可能知道，股市裡的確是有一些主力存在的，「主力」絕對不是我們想像的是，滿臉橫肉、或擁槍自重的十惡不赦之徒。大多的主力與一般人無異，也是有脆弱的一面，也是有好、惡。筆者知道有些主力甚至還是大慈善家，捐款不落人後；甚至，默默行善，捐款根本不想讓人知道的善人，這才是主力的真面目，主力跟

我們一樣是平常人，只是他們的工作內容鮮為人知而已。

主力他們照顧自己的持股，就像耕作一樣的勤勞。他要賺的收穫，就是那些莽撞進場人的錢，與其說他們是獅子，還不如說他們更像蜘蛛結在網等待獵物一樣。你沒心動，他也沒辦法動你。有時候，他甚至會故意做點虧錢生意，好逗弄一下市場，引誘貪心人進來。但只要不動心，主力他是絕對沒有辦法動你的。

可是主力的能耐便是，一旦有人動了，他就可以透過籌碼研判，自然有辦法知道，有人已經掉進他的網子裡面了，他自然有辦法讓你輸錢出場。你貪心越大，他就讓你輸的越慘，你貪心不大，你就輸少一點。但是，不貪心的人，怎麼又會想把錢砸進股市，賺這種絲毫不費力的EASY MONEY呢？

主力所憑恃的，就是對於市場籌碼與公司財務結構的深刻了解（大概主力都有購買筆者的《籌碼決定論》一書吧）。所以，主力能呼風喚雨，看似威風。其實，他是下了很深的功課研究籌碼結構，這才有辦法對於股價與籌碼的關係，瞭若指掌。

縱使主力汲汲耕耘他的持股，可是他還是不敵整個市場的循環變化，他雖然有籌碼的優勢，能坑殺貪心進場的投資人。但是，相對地，這籌碼優勢卻也變成他們的致命點，正所謂：「商鞅變法，自伏其法，作法自斃也。」因為主力有

籌碼優勢，代價是壓了很多資金在該檔股票中，所以，他能
感覺市場的風吹草動。但是，也正因為他們有太多的籌碼，
所以，一旦如先前說的市場反轉，買氣沒有辦法延續了，他
原本風光的籌碼優勢，此時卻變成他的致命傷！讓他無法出
清持股。很多時候，主力只能抱著大部分的持股，像坐電梯
一樣坐上又坐下，雖然看過升到頂端時的綺麗風光，卻也必
須眼睜睜看著自己，跟著市場的衰落而沉淪。

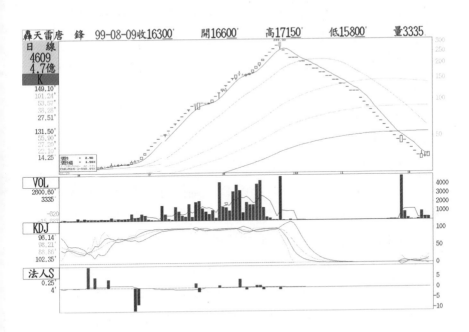

　　上圖股價走勢圖便是典型的主力股走勢，主力股通常都
需要先默默吃貨，然後，沉寂一段時間，最後，在利用諸多

利多加持，把股價上漲擴大、再擴大。再加上，主力自己鎖碼效果，讓別人買不到，最後，在邊拉升邊出貨的情況之下，漸漸減少持股。但是等到，牛皮吹破了，股價下跌時，處境可就難堪了。我們從上圖下跌時的成交量，就可以知道連主力想出貨也出不掉，同樣也會是套牢一族。

甚至，有很多主力「偷雞不著蝕把米」，持股來不及出脫，最後抱著持股反而入主公司，變成董監事。或者，眼睜睜看著自己持股變成壁紙。不過還是有一些利害的主力，則能在過程當中，賺個數倍獲利，最後就算持股套牢了，也算是利用完畢不虧損了。當主力者，若胸襟能大一點、看開一點，縱使滿手套牢持股，也能讓自己越來越富有，就看用什麼心態看待！

筆者的《籌碼商機論》一書中，說過內在財富的法則之一：「不完美操作原則」，這條法則最適合主力研讀與應用，因為這法則可以讓主力更提高自己的投資素養和氣度。

所以，我們說主力不是在投機，他是投資。他投資的是籌碼、股價與公司營收狀況的三角關係。主力在某種層次上，反而是符合筆者所說的「內在財富終極法則」，他雖然沒有辦法主導公司營收狀況。但是，他卻可以有籌碼優勢，從籌碼優勢來主導股價，若再能配合上公司營收狀況，就會有很好的操盤獲利！

　　不過，不當主力，在台灣股市裡也能照樣獲利，因為台灣股市，甚至全球股市，都有一個同特色，那就是：「**幾乎每年都有一項產業會大漲**」。只是每年都不一樣而已，有時候是新興產業，也有時候是傳統產業，但是通常剛剛旺過的產業，幾年之內，不會馬上再興起的。很像流行服飾一樣，去年剛剛流行過的款式，很難在今年也再流行一次。

　　股市也是如此，去年剛剛大漲的產業，由於市場投入籌碼過多，籌碼過於凌亂，而且已屬於大眾共識！我們在前篇說過，大眾共識就是輸家。所以，同樣產業很難在今年也再度大漲一次，最多僅能恢復個四、五成水準，只能當作逃命用，不能再介入過深，應該及時抽身！正所謂，留得青山在，不怕沒材燒。

　　不當主力，但能抓對今年流行的產業趨勢，也是很容易獲利的！至於怎麼抓今年的流行產業？我們這本書後面的各種商機介紹，通通是揭露如何抓流行產業，只要繼續看下去，就會明瞭！

　　投機就是：不要當主力，辛苦經營股票，還得吃上官司！

看出趨勢就危險了

投資大師約翰坦普頓的經典名言：「行情總在絕望中誕生，在半信半疑中成長，在憧憬中成熟，在希望中毀滅。」一句話就點出股市投資人的普遍心態，也就是投資人喜歡「群聚效應」。

但是，我們在前幾篇說過，股市的結構就是「少數人賺錢、多數人賠錢」、「眾人共識就是輸家」。所以，當聚集到實在太集中時，就會發生投資大師約翰坦普頓經典名言中的事情——行情總在希望中毀滅。

另外，投資獲利更像是接力賽，必須要一棒接一棒接下去，而且必須是越接越高價，才有可能獲利，若越接越低價，則每個接棒的人都背負部份虧損。

但無論價格是走高、走低，下一棒一定要有人肯接下去，這才有可能股票換成現金，讓股票在市場上流動。否則就將發生「極端」的事件。

股市會發生沒有人接手的「極端事件」，是因為有兩種事情發生了：一是持有的人，不肯交棒，另一則是，下一棒沒人肯接。不肯交棒、沒人接棒兩種情況一發生，都會讓市場交易短暫失序，也就會造成漲停或跌停情況出現，這在台灣股市中還好，因為單日漲跌幅不大。但是，若發生在歐美國家，則很可能漲、跌幅一下超過50%，雖然不是常有的現

象，但總是會發生。

　　股市交易就像流通的水，縱使突然被阻擋住了，但是等水位升高之後，又能漫過阻礙物繼續前進。未來台灣股市若再把漲跌幅放寬的話，則想看到漲跌停鎖住的狀況將會更難。

　　股市最常有的現象，還是一棒接一棒的交易，一個人賣出、一個人買進，一組人賣出、一組人買進。但是，當買的人越多之後，籌碼漸趨流向至新投資人手上後，股價也會相對因為流通而膨脹。

　　股價膨脹的太快，會讓持股人持股信心減弱，這很像如同坐雲霄飛車，越高越令人害怕。到達某種高點之後，若有一些風吹草動出來，例如，公司的營收沒有跟不上、毛利率不如預期的話，股價很快就會出現泡沫破裂的現象。

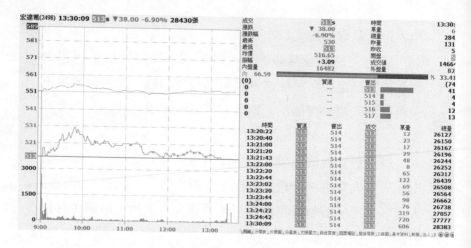

　　圖一：股王宏達電發生了什麼事情？宏達電股價剛剛由最低點406元上漲至593元，但當天居然跌停作收！因為前一日公司召開法說並公佈單月營收，單月合併營收僅166.15億元，創21個月以來新低，較去年同期大減52.55％，月減37％。展望單季合併營收季減幅度高達35％、毛利率也將由28％降至25％。正因為剛剛接手的投資人，信心不足，一些風吹草動就如同驚弓之鳥一般，二話不說先作鳥獸散。

　　所以，股市還有一個反市場特質，人多的地方就危險！相對地，人少的地方反而安全。人一多，危險就跟著來，剛好與投資人喜歡的群聚效應呈現相反。正因為如此難搞，人多也危險，人少也不漲，兩難之處。這才讓股市呈現「少數人賺錢、多數人賠錢」的結構。

另外，股市還有一項特色，通常股價的「走勢」，都是讓人摸不著、猜不透的。這是因為股價形成不是任何人說了就算的事，股價是一棒接一棒買賣下才成形的，每一棒都是主角，每一棒都有權力決定價格。

一棒接一棒的最大問題，便在於手中的一棒都有權決定自己哪時候交棒！而下一棒的權力則是，他也有權可以決定，哪時候去接棒！於是在交易的過程當中，便產生了數個變異數，哪時候交棒、哪時候接棒、什麼價格交棒、什麼價格接棒、什麼數量接棒？等等變數。於是讓股價的趨勢，變成沒有人可以確實掌握住，因為股價不是任何一個人登高一呼，說了就算的事，而是眾志成城之事。

股價要走好，就必須像漣漪一樣，逐漸向外擴散，持股信心是必須讓投資人「逐漸」認同才有效。筆者在這邊必須要強調「逐漸」二字。若一下子就全部認同了，那也就沒有搞頭了，一下子全部認同就如同燦爛的煙火一般，只能在最燦爛的時刻，施放最亮麗的色彩，但是卻只是一下子而已，之後，就燃燒殆盡回歸黑暗。

必須要逐漸認同，才會有逐漸多的接棒人逐一接棒。「逐漸多」這個過程很重要，因為若沒有逐漸多，股價就不會被買方競價而拉升，若只是單一的一棒接一棒，則股價便不會起波瀾。相反地，若買方「逐漸少」，則變成「賣方競價」市場，買方則只會選擇低價賣方，股價於是也就越買越

低了。

　　就是因為以上一棒接一棒的雙方當事人，每人都有權力決定什麼價位、什麼時間、什麼數量接棒，與市場共識又是「逐漸」形成等因素干擾，故「趨勢」在「當下」是看不出來的。若趨勢真的讓人看出來時，那也就表示，市場已經達成相當的共識了。一旦共識達成，「逐漸性」也就同時消滅了，那麼股價也等於一下子沒有了下一棒接手人（因為共識，大家都已經接手了）。這時候，再來，就剩下往回走一條路子了。這也就是當趨勢被看出來之時，也是危險顯露之時！

　　投機就是：當看出趨勢時，就要趕快砍股票了！

獲利三要素——時間、膽識、錢

絕大多數的人，都會認為，在股市投資裡必須要手腳快，搶好股票，追逐飆股，賺到錢趕緊下車，才會獲利。看似也是如此，若手腳不快，就會買不到低價、買不到飆股；若手腳不快，也賣不到高價、出不了最高點。但是，從筆者所累積三十年投資經驗與實際交易數十萬筆成交資料來觀察。卻發現，以上快速操作，看似正確的操作，卻常常使人因小失大，得不償失。

上述的操作，要不是賺一點就跑掉，就是底部買太少，但是，到了頭部卻拼命加碼。甚至，因為太常買賣進出，結果反而被市場震盪洗盤出場。結果，縱使切入強勢股，進進出出的結果，賺的還不夠弭補虧損，最終成為股市的悔恨一族。

之所以會有這樣的情形。其實，就是犯了把股市投資當成「投機取巧」，甚至當成「賭博」在玩耍。以為股市進出容易，輸贏便會很快，於是很容易就變成為賭博的工具，以為「一翻就是兩瞪眼」決勝負。由於有融資、融券，甚至，買賣可以當天互軋，不用本金，更讓「投機份子」存心來玩無本生意，買賣股票擺明了要當天了結，大玩「當沖遊戲」，以買空賣空的方式來賭當天的股價變化。

以現行的台灣股市而言，最大的獲利快感，仍是屬「當

沖」。當沖是利用當日融資券互軋的方法，以無資本的模式，進行股價套利的行為。這種快感很像吸毒，一旦讓人嚐到甜蜜的獲利滋味，真的會讓人久久難以忘懷那種快感。

甚至，有人在嘗試到當沖快感之後，還會持續去放大那種快感，或多或少，心裡都會響起：「台灣股市二千多檔股票，我就好好研究技術線型，每天就精選一、二檔操作，也作多、也做空，並且以量制價，沒錢也可以沖出大成交量，讓每天賺價差，賺個幾萬到幾十萬元，一點本錢都不用出，不出一年我就成了千萬富翁了！」的聲音。

相信股市中投資者，若嚐過當沖的獲利快感，心理面或多或少，也會有上述的想法出現吧！但是，事實上，根據期貨證券交易所的統計，國人每天在股市上的當沖交易，賠錢者佔百分之九十以上。所以，若忽略統計數字，仍要蒙著眼繼續冒險當沖的話，無異於與賭徒一致。

天下沒有白吃的午餐，當天最高、最低點，很難在當沖客認為的適當時間出現。而且往往一天的「極高點、極低點」不但成交量少，出現的時間與價位，也都很詭異。通常都是因為有突發性的利多、利空產生，才會有「極點」的發生。所以，想要一馬平川，股價越墊越高，最後自己賣在最高價的操作，或者一開始就出手賣在最高點，然後，股價一路走低，尾盤買進回補的想法，都是過於異想天開。

想以當天軋平的方式，取得利潤，避開虧損，往往操

作一段時間後，累積的績效都是虧損的。這還不如把錢直接擺在銀行還好一些，雖然生不了幾個利息錢，本金卻不會減少！

一旦操作形成短時間就必須見輸贏的模式，不管是當天還是數天，都自然就與賭骰子、賭21點、賭馬等賭博相同的模式，因為都是「一翻兩瞪眼」，立刻見輸贏的模式。所以，等於就是賭博了。而我們也知道，十賭九輸，凡是憑運氣賭輸贏的，往往都是輸家。

更何況，股市裡還有一些主力存在，他們照顧自己的持股，就像農民耕作一樣的勤勞，主力要賺取的收穫，就是那些莽撞進場人的錢，像似結網的蜘蛛，在巧妙的地方結網，等待獵物上門。

一旦有人動了，主力自然有辦法知道，有人掉進他的網子裡面，自然有辦法讓人輸錢套牢、賠錢出場。所以，我們必須了解市場生態，千萬別一個月換幾十檔股票，跳來跳去操作，盡是落入別人的陷阱之中。

關於主力的操作，我們已經在「主力投機嗎？不！他投資」該篇中詳述過，本篇就不再詳述。

本篇主要是把獲利的三要素——時間、膽識、錢，給點出來，其中上述已經先把時間的「重要性」給點出來了。所謂：「好酒都需要時間來醞釀」，好股票同樣也需要時間來醞釀。

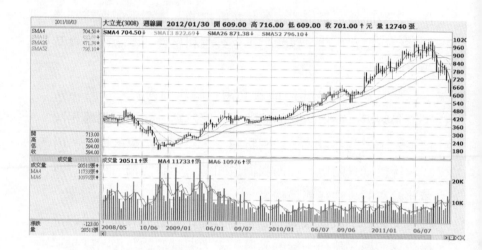

上圖中的三千金之一大立光（3008）週線圖當中，最低點在167元，最高點是在1005元，兩者相差6倍之多。但股價從167元漲到1005元，也絕非一蹴而成，也是經過不斷地震盪、不斷地洗盤之後，經過一年的時間，才能達到如此豐碩的收穫。這就是好股票也是要時間的醞釀。

筆者近年來常常提倡「220倍勝率法」的投資策略，此法勝過目前最差的當沖手法220倍勝率之多，何謂「220倍的勝率法」呢？

我們先來計算當沖的勝率。當沖的勝負，必須在一天交易日當中決定買賣價，當天就會公佈答案，「一翻兩瞪眼」揭曉之時，就必須了結，是贏、是輸馬上知道。當沖牽扯到

當天的買賣價位，如果買了很低的價位，很有機會贏得當天的差價，但是，若買到很高的價位，則很難在當沖中賺到價差，作反向操作也一樣。但是，相反的，若你買很低的價位，很可能股價當天是持續往下探底，甚至跌停的，但是，若買強勢上漲價位較高的股票，當天人氣旺盛，很有可能把股價推到漲停板，到時候，就達到當天的最高獲利水準，馬上可以反手賣出。當「快市」發生時，10分鐘就賺盤上盤下各7%共14%獲利，也是大有人在。不過，實際上，根據交易所統計，當沖者獲利的人不到10%。我們就把當沖勝率當作10%好了！

若當沖勝率為10%，而筆者的「220倍的勝率法」則勝率便有2200%之多。就算手氣再背的人，有了2200%勝率，還不會獲勝，還會輸錢的人，大概就只能離開股市了！

如何做到2200%勝率呢？很簡單，一年有365天，扣掉104天的周休二日，再扣掉節日休假，一年有開盤的時間大約為220天左右。運用內在財富法則，第八條：「**股市的節奏很緩慢，絕對勝率，一年一買賣！**」，我們建議一年一次買賣，是不是馬上把勝率提高至當沖之220倍之多，這就以時間換取空間的「220倍勝率法」！

除了時間之外，獲利的另外二要素，分別為錢與膽識。正所謂「人是英雄、錢是膽」，投資市場上，錢多比錢少的贏錢容易，就像是兩軍對峙，兵多的較有勝算，雖然也有兵

少勝兵多的狀況。但是，大致上，都以兵多者較具勝算。這也適用於是投資方面，錢多的人，錯一筆、二筆交易都沒有關係，下次一次下對三筆的量，一次就反敗為勝了。而錢少者，筆筆都是攸關生死，錯了一筆交易，可能以後還必須要對上三筆，才能翻身。甚至，沒有翻身機會，這樣一來，獲利又要拖延到很長的時間。所以，若純粹以籌碼而言，錢是越多越好，錢越多運用起來，越靈活，就像「韓信點兵，多多益善」。股神巴菲特的基金也是常常滿手現金的，因為他也深知現金的好處。

除了以上兩者之外，第三個獲利的要素，更是決勝負的最大關鍵，那就是「膽識」。

股市中，有膽識的人勝過怯懦的人，有膽識的人也勝過逞匹夫之勇的人。有膽識當然不等於怯懦，但是有膽識的人也不等於逞匹夫之勇。膽識與匹夫之勇的差別，就在於孫子兵法中所講的：「夫未戰而廟算勝者，得算多也，未戰而廟算不勝者，得算少也，多算勝，少算不勝，而況於無算乎？」這個「算」的有無、多寡，就是決定膽識與匹夫之勇間的差別。

「算」在股市投資上，就是「看到商機、找到商機、追蹤商機、切入商機、擁抱商機、全身而退」等的計算。憑著膽識，依據這「商機的計算」，每一個步驟都敢大膽的切入。每一個步驟，都在別人還不敢前進的五里霧中，自己踩

著計算好的腳步前進、前進⋯⋯最後，在大家都看出趨勢，一片看好，一片掌聲之中，毅然引退，全身而退。這就是膽識。

　　大多數的人在投資時，常常會瞻前顧後，顧慮太多，卻又不願意多作功課，只生怕一不小心，摔了一個大跟斗。雖然害怕是好事，但是，太過於害怕，就算作足了功課，也不敢在適當的時機切入的話，則永遠只能活在懊惱之中。所以，膽識是獲利的第三樣要素，有錢、有時間之後，再來就需要有膽識來驅使自己前進，備足了以上三樣能力，才能開始創造獲利。

賺錢三模式

前篇我們已經知道了股市投資獲利三要素是「時間、膽識、錢」，三要素缺一不可。而有了三要素之後。若有個固定的投資模式，來提升投資勝率呢，是不是更好呢？此問題，便是本篇要探討的主題——「賺錢三模式」。

世界上的任何事物，都脫離不了一定的慣性，地球公轉有慣性，自轉也有慣性。產生於地球的物質、生活在地球上的生物，也同樣會有慣性的存在，大家都不知不覺的受到慣性影響而不知。像地球一定是圍繞著太陽，一年公轉一週，月球一定是固定一個月圍繞地球公轉一週。而「水」是地球最大量物質，由氫和氧組合而成，它低於攝氏零度，就一定會結冰，高於攝氏100度，就一定會蒸發成為水蒸氣，這是水的特性，也是它的慣性。存在於地球充滿慣性的生活中，生物自然也充滿慣性，人是萬物之首，自然也脫離不了慣性的牽引。

有科學驗證指出，人們養成一個習慣需要21天的時間，所以坊間很多「21天訓練營」的機構，就是要讓人在21天內養成一種好習慣。好習慣一旦養成，一下子也難以去除，人就會在不知不覺當中，在固定的條件之下，去習慣性的做好事，自然壞習慣也是會在同樣條件下養成。

我們也可以說「習慣」原本無好壞之分，它只是一種慣

性模式而已，是好、是壞得看對當時那個人的條件而定。

既然，任何事物都有慣性，那麼股市投資賺錢模式，是不是也同樣有慣性存在？縱使是股市這種人為的社會科學，也同樣脫離不了一定的慣性。股市中的投資人會追買股票、還是追殺股票，也同樣有一定的慣性存在。我們把它稱之為「投資獲利模式」。

所謂的投資獲利模式，意思是一旦你的持股擁有這樣的條件，你的持股就很容易成為別人追買的標的。你的持股成為別人追買的標的，自然你的身價也跟著節節高升。所以，我們若能養成了比別人先切入獲利模式條件的習慣，也就養成在股市中獲利的慣性，市場上賺錢模式雖然百百種，但是追根究底，也只有以下三個模式，是最具獲利能力的。

1. 新產品、新商機：

若知道某家公司即將推出爆發性的新產品，等於知道財神爺將往哪裡去了。若知道某家公司將有「新商機」出現，這商機包含新大訂單、新產品、新客戶……任何有益於公司盈餘新成長的訊息，都屬於公司的新商機範圍。新商機的出現，也等於是財神爺降臨了。這時候一定要趁市場還不熱絡時，提早切入卡位。等到商機在市場逐漸發酵了之後，市場資金自然幫你抬轎，你屆時只須考慮哪時候下轎就可以了，賺多賺少，就看你的題材議題夠不夠大。夠大的題材，就像挖到金山一樣，有時候，擺個十年八年，資金翻個十倍、二

十倍也是有可能的。

　　例如鴻海集團，持續吃下蘋果訂單一樣，整個集團營收不斷成長，別的OEM廠，還在國內考慮裁員的問題，鴻海集團卻可以持續到世界各地去開工廠，成立像富士康等海外的總部。就是因為蘋果的新產品，就等於是鴻海的新產品、新商機，所以，鴻海集團也等於一直有新商機出現。

　　所以，我們知道投資人第一個會注意的，便是該公司是否有商機出現，商機出現，投資人便會瘋狂的搶進。而且是逐漸的瘋狂搶進，「逐漸性」很重要，逐漸性拖的越長，股價往往便可獲利越大，逐漸性短，股票的獲利性就小。

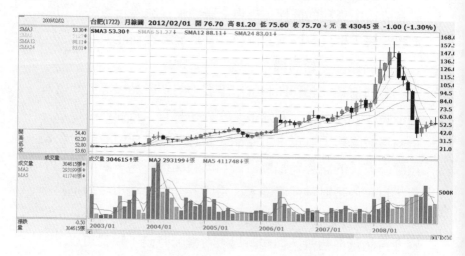

　　圖一：為資產股的龍頭——台肥（1722），因為台肥的土地資產題材夠久，雖然資產算不上是新商機。不過，擁有

土地的公司由於動不動就會有資產重估的效應，往往最能坐
收景氣循環的好處，也算是新商機不斷。台肥該公司在全台
灣都會精華區擁有大批的土地，商機算是夠大，於是股價可
以在2003年時16元，股價持續一路飆升不墜，至2008年時股
價最高達到160元，短短5年之間，股價上揚10倍，這就是擁
有大商機的好處，效果可逐漸發酵。

2. 人棄我取、人取我棄：

　　第二個獲利模式，通常是股市大戶的最愛，也就是趁
機撿便宜貨。我們看股神巴菲特的投資模式，可以歸納他的
投資模式出來，那就是：「看好的股票，等市場大跌時出
手」。因為與其說他是價值型投資者，還不如說他知道市場
有規律性的走勢，通常都是由空頭、多頭輪流掌控時局。

　　多頭來時，市場資金盲目的進場，投資價值在此時，大
多被高估；相反的，當空頭來臨時，資金退場，股價往往莫
名其妙的下跌，若出現成交量縮至極致時，股價往往也跌破
以往的「本益比均價區」，這時候股票的價值往往被低估。
只要買進有本質的績優公司，或是潛力股，只要具備一點耐
心，往往未來的收益，都會是很豐盛的，這通常就是價值形
投資者，默默奉行的圭臬。但此法最重要的一門功課就是要
有「耐心」。

　　也因為股市大戶資金大，相對反應操作的時間也要長

一些，自然不及少資金的靈活。資金越大就越像動力越大的高速列車一樣，雖然動力十足，但不能說停就停，說啟動就啟動。所以，縱使去捕獲大商機，若公司股本不大，產業不大，也只能運用到少量資金。大資金通常只能以績優股的「人棄我取、人取我棄」的模式來操作。

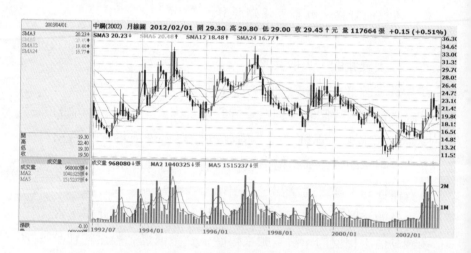

　　圖二：上圖的中鋼（2002）是資金大戶最愛的股票，中鋼公司獲利既佳，股價又不會大起大落。雖股價不會大起大落，但是也具有一定的多空循環，大約是1～2年的時間，走一個多空循環，上圖1～2年的時間多空循環的價差大約也有一倍左右。雖然比不上圖一的台肥5年上漲10倍，但是卻也比前放在銀行定存要好的多！

3. 知道「明牌」：

市場到底有沒有明牌，我可以肯定的說：有的！股價不會自己上漲、下跌，必須要靠人去買賣，它才會動。而事先知道有人要買、要賣的訊息，就是「知道明牌」。要知道明牌，往往要很靠近資訊的核心，才能賺到利潤。稍有不慎，明牌反而變成倒貨，就得不償失了。

因為主力拉抬股票，最終目的，也就是為了能在高價出脫。所以，無所不用其極的出貨手段，持續在更新中，一不小就落入陷阱。聽明牌買股票，就像刀口舔血。與其刀口舔血來獲利，還不如，自制力高一點，靠自己尋找出商機，更能獲利安心！

以上便是股市賺錢的三模式，筆者認為只有投資模式一的商機模式，最令人安心與自然，因為這是最符合一般投資人的投資慣性。故本書把焦點集中在模式一的商機尋找，第二部中所介紹的商機高達58種，讀者可慢慢體會！

投「機」獲利三部曲

從上面幾篇的分析中,我們知道其實股市不適合「投資」,只適合「投機」。後來也知道獲利三要素分別是「時間、膽識、錢」,三者缺一不可。也知道賺錢三模式分別是1.新產品、新商機。2. 人棄我取、人取我棄。3. 知道「明牌」。其中筆者建議投資專注於第一項新商機,會最自然,最符合現在的投資現況。而我們各篇當中也了解投機也不是取巧,更不是「賭」。賭是憑感覺下注,是敗率大於勝率的盲目下注,「投機」則剛好相反,藉由機會,投機講究要勝率大於敗率。

本篇則要講到投機獲利的步驟,想要把投機轉換成獲利,也是需要步驟的,並非一蹴而成。一般而言,投機需要一些基本程序,起碼要有以下的三部曲。

第一部 尋找未來商「機」:

第一個步驟就是尋找商機,尋找商機是整著過程當中,最重要的項目。若找不到未來可以發酵的商機,其他以下二個步驟便通通不用再說了,也不能再投機下去了。因為所謂投機,就是「投資未來商機」。沒有了未來商機,就已經失去主動的先「機」,是受制於人的,自然不能投資。

尋找未來商機的題目很大,我們會在書的第二部,把筆

者所知道的58個方法，一一提供給讀者。我們在此僅點出投機的真義，就是一定要有未來商機當題材，才能完成投機的第一個步驟。而且找到未來商機的「大小」，更是重要的事項。找到的商機太小，附和的市場投資人就少，甚至還會被「吐槽」，反手打壓，反而更糟糕。若找到的商機大，你不揭露，別人都還會拼命的卡位，幾乎不用費自己任何力氣。商機的大小，是決定投機盈虧的主要原因。

第二部　喊出未來商機：

很多人會以為商機是自己出現的，其實不是。在目前行銷的社會裡，什麼都是要有適當的包裝。什麼樣的好東西，都要有好的包裝與行銷，才能賣的好價錢。商機也不例外，商機同樣也需要喊出來。商機被找出來之後，要讓別人來認同，不是讓別人主動去看出來的。商機是不會自己跑出來給人發現的，一定要有人認出之後，喊出來、喊出商機，這才會引起連鎖反應。

當然，社會地位越高的人，所喊出來的商機效果越好，例如台積電張忠謀喊出來的商機，自然會比一家剛上興櫃的小公司老闆喊出來的效果要好的多。既然是要能喊出來的商機，自然是能越響亮越好。

所以，我們在第一部尋找商機時，就必須要找到能大聲喊出來的未來商機。太過複雜，技術性太多的商機，都是

不容易讓人了解的商機，就不能算是大商機。一定要簡單明瞭，最好一分鐘就能讓人了解，才算是好商機！

至於，如何才是能讓自己或別人能理直氣壯的喊出來的商機？原則上，商機後面的「需求資金」要越大越好，而且要在未來能讓一般人都看得到。例如，能源需求、國際級大廠的新產品問世，政府扶植政策、全球市場都需求性等等，最好是能動則上千億美金、上兆美金的需求量，往往都是最好喊的商機。

能喊出來的商機，在自己已經卡位置後，就需多提示他人，這點在報章媒體、電視節目等傳播媒體常常會看到這樣的手法出現。有心人士、主力、大戶都很喜歡在自己卡位之後，在公開媒體中傳播；甚至很多公司負責人，也會有意無意的透露一些訊息給傳播媒體知道，讓他們去描繪商機出來。比較差的公司甚至會動用到公關手段，花錢請媒體多多介紹一下。

至於若是真的商機，倒是不用太過麻煩去行銷。只要在有機會時，提示一下周遭的朋友，好東西自然會口耳相傳、競相走告。就像股神巴菲特，在自己買進股票之後，從來不吝嗇告知別人，反正自己已經上車了，別人再上車，也是在他之後。而自己又有些影響力，正好可以大方的替自己拉抬股價。

第三部　修正投「機」目標：

投機也是需要不斷修正目標的，就像導航飛彈一樣，想要命中目標，要不斷的「細修」導航的角度與飛行速度。投機也是如此，投機如何修正，最主要是檢查所喊出來的商機，有沒有盲點存在，有沒有邏輯性的錯誤出現。以及市場反應，接收度如何。若隨便就被人看出破綻、甚至邏輯錯誤，自然沒有附和者，也不會有什麼市場效果。

通常自己觀看事情，總會是有一些盲點出現，自己卻不知道。也因為「市場永遠是對的！」這句話是真理。所以，當自己的看法與市場的看法不一致時，就要勇敢的修正，這裡沒有丟臉不丟臉的事情。

我們在《籌碼商機論》一書當中，就曾說過「試水溫」是很重要的動作，當市場反應不如自己預期時，要趕快回頭，把試水溫的停損費用，當作是投機的「成本」之一，才是正確的觀點。

但是，若一切觀點正確，市場反應卻真的不如預期時，也是到了必須修正的時候。或許，市場就是這麼奇怪，明明是很好的題材，反應偏偏很冷淡，這或許是投資人真的不懂這產業的商機，或許，真的沒興趣；亦或許是，該題材不是落入在主流產業上，市場資金已經卡位在主流產業上，非對於你的題材沒興趣，而是沒資金。市場一向對於非主流產業

的興趣不大，若不是搭上主流產業的商機，就如同逆水行舟，雖也可行，卻比較費力。只要商機未能發效，就不是好商機，就應該適時出脫持股。

　　以上三部，大致上，是投資商機的三部曲，簡單的口訣就是「找、喊、修」。到本篇為止，我們算是完成了第一部的投資於「心」。接下來，便是要邁入第二部投資於「機」的部分了。

第二部

投　資　於　機

商機的種類

從本篇之後，就是進入本書的重頭戲，也就是筆者所揭櫫投資於「機」中的「商機」。股市裡面的商機到底有多少種呢？原則上是無限多種！不過，若歸納各種商機的類別與型態，大致上，不脫筆者整理成以下的12大型態、58類的商機。

這58類的商機，若以型態區分，大致上可區分為：1.國際政治性、2.國際經濟性、3.貨幣性、4.區域性、5.產業性、6.公司性、7.原物料性、8.商品性、9.利機性、10.需求性、11.機會性、12.股市交易性，等12大型態。

以筆者當了十年的投資研究部主管的經驗來看，若能精通其中的1/4，大致上，就是一位非常優秀的研究員！若能專精其中1/2以上，應該就可以在研究部門當個稱職的研究部主管。

所以，若讀者只是自己投資，無需勉強自己全部精通以下商機。但若是想成為一位優秀的研究員，則必須精通其中的1/4～1/3以上。對於一般投資人而言，以下的商機，擇要地去選擇自己所喜歡的種類，然後依照本書中的指導方向，去專研其中5～10類，甚至於只需2～3類。只要用心專研，投資就沒有不賺錢的道理。

以下便是58類的名稱，至於細項解說部份，則見於本篇

以後的個別篇。

1. 量化寬鬆商機

2. 熱錢商機

3. 原物料缺貨商機

4. 寡占商機

5. 燃料能源商機

6. 供應鏈與集團商機

7. 節慶購買商機

8. 中國人大會議商機

9. 兩岸金融商機

10. 中國內需零售通路商機

11. 陸客商機

12. 大陸汽車零件商機

13. 山寨機、小米機商機

14. 馬友友商機

15. 貨幣升貶商機

16. 電腦展商機

17. 世界盃球賽商機

18. 奧運商機

19. 農業商機

20. 宅經濟商機

21. 數位化商機

22. 庫存回補商機

23. 低價品商機

24. 高價品商機

25. 綠色能源商機

26. 節能省電商機

27. 太陽能商機

28. 水資源商機

29. 人性化操控商機

30. 電腦演化商機

31. 生技商機

32. 醫美商機

33. 瘟疫商機

34. 中國醫療商機

35. 巴菲特商機

36. 遊戲產業商機

37. 無線網通商機

38. 觸控、聲控商機

39. 機器人商機

40. 法說會商機

41. 資產商機

42. 都更商機

43. 經濟特區商機

44. 天災商機

45. 民生商機

46. 海囤商機

47. 環保回收商機

48. 委外代工商機

49. 轉單、大訂單商機

50. 毛率提升商機

51. 轉虧為盈商機

52. 轉型商機

53. 董監改選商機

54. 新上市商機

55. 除權息商機

56. 長線投資價位浮現商機

57. 外資、投信法人商機

58. 技術跌深、突破商機

　　知道了58類的商機之後，會不會覺得很可觀，難以一一消化呢？別擔心！筆者會後篇一一解釋這些商機的理由，並為每類商機解密。

量化寬鬆商機

　　「量化寬鬆」是一種貨幣政策，由中央銀行通過公開市場操作以提高貨幣供應，可視為「無中生有」所創造出來的預定金額貨幣。「量化」指將會創造預定金額的貨幣，而「寬鬆」則指減低銀行的資金壓力，也可以簡單形容就是中央銀行間接增印鈔票。雖然是「開機印鈔票」，但量化寬鬆通常只是調整電腦帳目。一個國家要實行量化寬鬆，必須對其貨幣有控制權；所以，像搞的焦頭爛額的歐債風暴，就無法實施量貨寬鬆來解決，因為歐元區個別國家不能單一國家推出量化寬鬆政策。

　　量化寬鬆政策在英國、日本，美國都實施過，其中以美國 Fed（聯準會）對抗其國內的二房危機以及雷曼兄弟風暴等金融危機，所實施之QE1、QE2最為有名。QE1美聯儲購買了1.25萬億美元的抵押貸款支援證券、3000億美元的美國國債和1750億美元的機構證券，累計金額1.725兆美元左右。QE2從2010年10月實施至2011年6月底，約購買6000億美元的美國長期國債。二次QE，美國總共以無中生有的方式打消了2.3兆美元的國債。

　　QE1的操作救了美國金融業，景氣從谷底脫身。QE2的操作避免經濟二次衰退、救失業與製造通膨預期。而多生出來熱錢往哪裡去？自然是湧入新興國家與炒作各項資產與股

市。

　　量化寬鬆的災難是實施國家的貨幣一定會相對貶值，而剛印出來的熱錢與避險資金，自然一定會湧入其他地區去避免貶值（這是很可笑的事實，無中生有的貨幣，竟然自己也害怕貶值！只有經濟大國，才能享有這樣的特權）。所以，若聽到經濟大國實施貨幣寬鬆政策時，一定要直接聯想到「熱錢效應」。通常熱錢就會直接跑進股市中的營收成長亮麗的個股當中。2011年台股有所謂的三千金（宏達電、大立光、F-TPK宸鴻），三檔股票股價奔進千元價位，就是典型的熱錢效應。

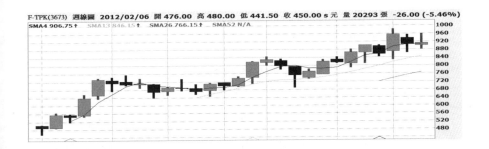

F-TPK(3673) 週線圖 2012/02/06 開 476.00 高 480.00 低 441.50 收 450.00 s 元 量 20293 張 -26.00 (-5.46%)
SMA4 906.75↑   SMA13 846.15↑   SMA26 766.15↑   SMA52 N/A

　　上圖宏達電、大立光二家公司股價分別都一度到達千元價位，F-TPK宸鴻股價則近千元，三家公司被封為三千金，真是好聽之極。可惜千金股價都沒辦法維持長久，沒多少時間，就因為歐債風暴，股價都衰落至千元時1/3以下水準，價值縮水2/3。

　　這就是我們在商機中首推的量化寬鬆商機，下次若讀者在遇到此商機時，閉著眼睛都要知道，要趕快去買進股市中獲利最佳的公司，其次就是擁有土地資產之公司。因為大國將用剛印出來、無中生有的紙鈔，來換你們的真實股票，與其等著讓它們買，還不如自己先買來擺著，等外資他們拉！

熱錢商機

量化寬鬆一定會造成熱錢效應，但熱錢不一定是量化寬鬆造成的。熱錢形成的原因通常是短期游資或投機性資金，為積極尋求套利空間，而快速游走於各種有利可圖的投資機會。熱錢的投資，在短期間會對於投入地區的經濟發展有刺激的正面助益。

但是熱錢的負面效應，則是通貨膨脹、匯率波動劇烈、投機風氣高漲、儲蓄率下降等。若無法在短期內控制以上的負面因素，當熱錢撤離時，將帶走了投資利益，反而留下了經濟發展陷入困境的相關問題。

熱錢之所以「熱」，就是因為它很像燙手山芋。處理的好，資金全盤吸收納為己用，處理不好，國家經濟則將受創。凡走過必留下痕跡，熱錢也是一樣，熱錢一向是各國央行總裁的最痛，熱錢一來，匯率、土地、房價、股市全都上漲。熱錢一走，卻只留下一堆爛攤子，匯率升高，產業競爭力先衰退。土地、房價被炒高了，民眾痛苦指數增加。股價飆上又飆下，受傷的一定都是反應較慢的投資人，一定都是看好才去追的投資大眾，最後股票套在高檔區的人，八成都是當地的投資人，就像是三千金股價一樣，最後上車的本地投資人，承擔了熱錢的惡果。

雖然熱錢對於經濟有一定的殺傷力，但是，熱錢初期

對於股市也是有暖身的作用，並非一無是處。所謂的熱錢來源，一定是從「外資」的身上而來，甚至，有些外資更是先前流出去的內資。這些資金，有時候是被國外經環境惡劣所影響，跑進來只是為了要避險；有時候是被國內經濟轉好所吸引，是真的想進駐。無論其目的為何，都會在股市中掀起一陣波瀾，因為股市是最容易藏錢的地方。

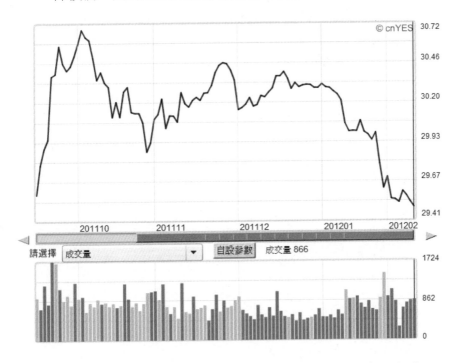

上圖就是新台幣兌美金的走勢圖，走勢越低，表示新台幣越強勢，若再配合第二格的成交量增的話，就表示熱錢

湧入了。該圖顯示外資持續匯入當中，新台幣值從2012年的30.3元，升至2月份至29.41元。沒錯，股市也已經感受到熱錢威力，從2012年1月開始，股市也從7054點上漲至8060點，也是出現上漲千點行情。

　　而該如何注意熱錢有沒有進來呢？以台灣地區而言，通常只須注意新台幣匯率的變化，與匯率的成交值即可，熱錢不會無中生有，要來台灣一定是從外面匯進來。所以，只要注意匯率的變化，就可以知道熱錢是進還是出。

　　所以，在我的研究部時有一句口訣，就叫做：「熱錢來了，投機行情也來了」，以上兩個數據的配合，正好可以當作佐證。匯率升值，台股就不容易掉下來，匯率大貶，台股就很難上漲，把握以上這個原則，大盤的趨勢就很容易看出來了。

原物料缺貨商機

原物料泛指金、銅、鎳、鐵、稀土、石油、塑化原料……甚至，電子上游零件矽晶圓、二極體、DARM……等等都稱得上是原物料。原物料若缺貨可是會急死廠商的，若上游的原物料缺貨，等於下游也沒辦法接到新訂單，廠商就要開空城計了。所以，通常一旦有原物料缺貨的訊息，廠商一定是搶貨源、儲藏存貨。但是，這樣一來，就更容易缺貨。

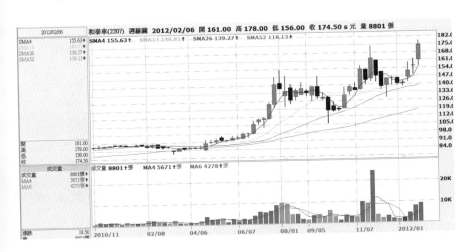

上圖：在2011年3月時，日本發生311大地震，海嘯淹沒了東日本許多的工業重鎮，其中又以汽車業衝擊最為嚴重，讓Toyota汽車零件缺貨相當嚴重。而主要以生產以及代銷日本Toyota汽車的台灣汽車公司和泰車，除了當週股價從原本

88元下跌至80元附近，之後，缺料訊息告急，反而使和泰車股價一日三市。原本平淡無奇的走勢，一下子增添許多的買氣，汽車買氣反而因為汽車零件缺料而大增。和泰車股價也持續翻揚，至2012年2月，將屆滿一年之時，股價已經來到178元，比當時原本的88元價位，足足翻漲了一倍之多。

缺料危機，不但容易激起買氣，也容易激起價格上漲。所以，筆者就有認識專門投資缺料行情的投資客，他淡季不投資、旺季不投資，專門投資缺料行情。一有缺料訊息，往往第一手切入，因為他知道，缺料問題不會一下子就解決。因為會缺料，就表示上下游的供應鏈之間，已經出現相當大的斷層，想要一下子彌補這斷層，難度非常高。

下圖為泰國水患概念股，2011年的天災除了日本311大地震之外，另外，就是屬於第四季時發的泰國水患為最大宗天災。泰國南部發生持續大雨，釀成水患，當時又一次衝擊汽車產業，以及PC業中的硬碟產業受創最為嚴重，可說是又一次的缺料危機浮現。於是汽車零件、PC硬碟、隨身碟等產業報價紛紛調高，當時硬碟報價甚至一度上漲至平常之2～3倍價格，也造成毅嘉、雙鴻、鈺創、應華、嘉聯益、台虹等廠商受益，股價也紛紛大漲。甚至，市場還把泰國水患當成一類概念股整理起來，成為一個奇怪的族群。

.泰國水患轉單概念。

代碼	商品	買進	賣出	成交	漲跌	漲幅%	單量	委買	委賣	總量	最高	最低	開盤	昨收	昨量
1319	東陽	37.75	--	37.75s	▲2.45	+6.94	14	10...	0	7022	37.75	36.00	36.35	35.30	2414
1506	正道	27.45	27.50	27.45s	▼0.35	-1.26	57	18	76	407	27.80	26.95	27.80	27.80	358
1521	大億	64.0	64.3	64.0s	▼1.70	-2.59	29	6	2	625	66.8	64.0	65.7	65.7	453
1525	江申	49.50	49.60	49.50s	▼1.30	-2.56	26	6	6	559	51.3	48.80	51.3	50.8	1570
2201	裕隆	62.6	62.7	62.6s	▼0.40	-0.63	666	154	67	11848	63.6	62.2	63.4	63.0	25392
2204	中華	32.70	32.75	32.70s	▼0.35	-1.06	401	11	1	5750	33.30	32.50	33.05	33.05	14475
2207	和泰車	174.5	175.0	174.5s	▲0.50	+0.29	38	51	34	1292	178.0	169.0	176.5	174.0	3051
2227	裕日車	225.0	225.5	225.0s	▼0.50	-0.22	30	4	3	820	234.5	220.0	227.0	225.5	1135
2355	敬鵬	24.35	24.40	24.40s	▲0.50	+2.09	141	16	34	2605	24.60	24.15	24.20	23.90	1647
2374	佳能	30.70	30.75	30.70s	▼0.20	-0.65	161	14...	4	2362	31.30	30.70	31.00	30.90	2354
2402	毅嘉	22.85	22.90	22.85s	▼0.15	-0.65	792	57	11	11779	23.25	22.50	23.20	23.00	15468
2449	京元電	13.15	13.20	13.15s	▼0.40	-2.95	371	294	245	11247	13.50	13.10	13.45	13.55	15024
2499	東貝	31.90	--	31.90s	▲2.05	+6.87	73	12...	0	8861	31.90	29.80	29.95	29.85	3872
3059	華晶科	27.30	27.35	27.30s	▼0.10	-0.36	71	6	8	3071	28.00	27.00	27.10	27.40	3701
3144	新揚科	12.80	12.85	12.85s	▲0.05	+0.39	10	12	3	32	12.85	12.75	12.75	12.80	58
3324	雙鴻	40.20	40.25	40.25s	▲0.05	+0.12	90	12	7	1682	41.05	39.50	41.00	40.20	4091
3441	聯一光	47.90	48.00	48.00s	▼0.10	-0.21	25	12	17	724	48.90	47.50	48.50	48.10	1389
3552	同致	70.7	70.8	70.7s	▼1.90	-2.62	22	1	2	411	73.9	70.1	72.6	72.6	483
4523	永彰	54.0	54.1	54.0s	▼0.90	-1.64	144	16	1	2360	56.4	54.0	56.4	54.9	5538
4927	F-泰鼎	40.20	40.40	40.20s	▼1.15	-2.78	43	1	5	1747	41.50	39.60	41.40	41.35	1060
4939	亞電	27.75	27.85	27.75s	▼0.25	-0.89	70	6	10	2002	28.45	27.50	28.10	28.00	3037
5351	鈺創	11.90	11.95	11.90s	▲0.20	+1.71	148	33	35	4411	12.20	11.70	11.70	11.70	3307
5392	應華	69.1	69.2	69.1s	▼1.10	-1.57	13	10	20	872	71.5	68.9	70.9	70.2	1689
6153	嘉聯益	54.5	54.6	54.5s	▲0.40	+0.74	458	7	37	9865	55.7	53.8	54.5	54.1	14175
6209	今國光	42.90	43.00	43.00s	▲1.70	+4.12	350	22	39	7659	43.20	41.30	42.50	41.30	4887
>>8039	台虹	44.10	44.20	44.10s	▲0.30	+0.68	252	23	4	6494	45.00	43.10	43.95	43.80	12970

　　除以上兩者例子之外，像黃金、鋼鐵、稀土等產業，也是常常會發生需求大增的現象，尤其在2005～2008年之間，中國消費力興起，大量的公共建設需要鋼鐵，也造成全球鋼鐵需求大增數年，讓鋼鐵需求不足將近四年，鋼鐵業股價也吃了好幾年的大補丸。所以，這又印證了筆者所說的「缺料行情不是小行情」。

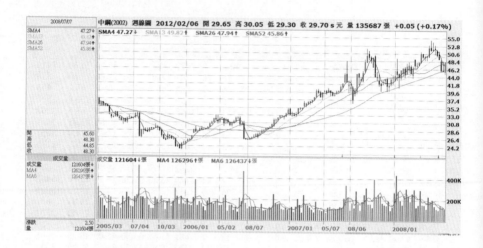

　　上圖是中鋼（2002）號稱穩健的大牛股的走勢，股價居
然可以從2005年的23元，上漲至2008年的54元，漲幅高達
1.34倍。通常投資中鋼這種大牛股的人，並不是想賺中鋼股
價價差，而是著眼於它的配息、配股能力。卻沒想到投資中
鋼，在短短三年之間，卻可以讓資產翻漲1.34倍之多。缺料
行情真是太好了。

　　所以，若未來某行業出現缺料訊息，請趕快著手下去
研究該產業的相關族群。因為會形成缺料，都是供應鏈之間
出現問題。一開始知道後，為時未晚，再切入卡位都還來得
及。上述的例子，缺料問題往往要拖到數年的時間，才能解
決，這樣的行情會小嗎？不！當然不會！缺料可是大行情的
開始。

寡占商機

　　一個人若有一項異於常人的特殊能力，絕對會受人矚目，甚至可以靠那項專長混口飯吃，更能揚名立萬、賺取大錢。上市（櫃）公司也是一樣，若有一項專長是其他家廠商跟不上，學不會的，也同樣可以靠那樣能力賺大錢，這就叫做寡占市場。

　　一家擁有寡占市場能力的廠商，毛利率絕對可以拉的很高。例如蘋果公司所研發的iPod、iPhone、iPad等「i」系列電子產品，就能讓為其代工的OEM廠商，自願只能擁有微乎其微的1%以下的毛利，而讓自己擁有高達50～60%的毛利。就因為熱賣的「i」系列產品是蘋果自家的專利產品，要買iPhone、iPad、代工iPhone、iPad別無分店，祇有到蘋果專賣店去才買得到，是典型的寡占市場。

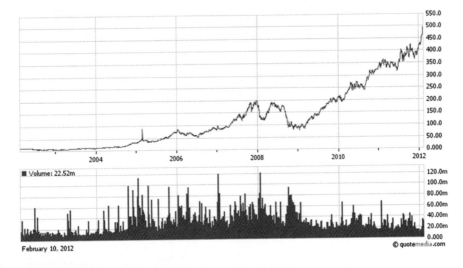

　　上圖是apple公司十年來的股價變化圖，從圖中可以看得出來，自從賈伯斯回鍋接任執行長之後，股價就一路往上漲。股價幾乎從零開始成長，上漲至500元美金，等於上漲了500倍之多。

　　又例如與蘋果手機打對台的宏達電手機HTC，公司光靠賣智慧型手機，一年獲利就可以高達七、八個資本額，原因無它，正因為想買HTC手機，也同樣僅能在宏達電才買得到，宏達電也同樣擁有寡占市場，所以，一年才可以賺上數個資本額。

　　所以，寡占市場在投資家眼裡，是非常迷人的寶藏。誰能找到寡占市場，誰就能成為大贏家。建議讀者在找寡占市場時，並非都一定要找國際大廠。因為所謂的寡占市場，並非一定要像以上二家的全球手機知名大廠。名不見經傳的小公司，也同樣有機會可以在市場上有一席之地，擁有屬於自己的寡占市場。因為有時候，產品只需要比別人快幾個月，或者成本比別人低就行了。只要能擁有的較優質的技術、專長的能力、較低價成本，都算得上是寡占市場。

　　例如：電子業的零件龍頭通路商——大聯大，他們就是不斷併購其他小的通路商，最後成為亞洲區最大的通路商，靠的自然是廣大的商品與低價的優勢，自然也擁有寡占市場的能力。

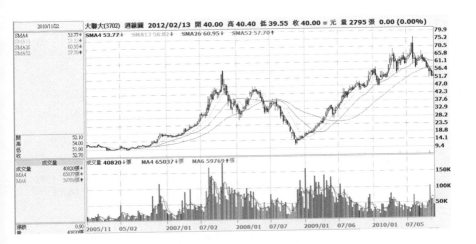

　　上圖就是大聯大（3702）近五年的股價變化，大聯大是
由數家電子通路商合併而成的公司。公司組合後，仍持續
維持合併路線，合併之初，股價不到10元。但持續走合併路
線之後，終於成為亞洲最大上游電子零件通路商。由於寡
占，商機也跟著擴大，也造就營利增加，股價也跟著水漲船
高，在2010年之際，股價還一度到達76.1元高價，等於在5
年內，公司股價上漲了7倍之多。

　　又如機殼廠可成，因為擁有業界最先進的鋁合金機殼技
術，所以，也同樣擁有寡占市場的地位。觸控面板廠F-TPK
由於支援蘋果公司需要的多指觸控面板的技術，故同樣也是
擁有寡占市場的能力。

　　又例如南港輪胎，公司在南港有大筆土地，剛好近期北

台灣南港區建設不斷，公司趁勢崛起，獲利大豐收，正因為他們擁有南港的大筆土地，也等於是一種寡占商機。

寡占市場的例子多的不勝枚舉，而且成功寡占的例子，也是千奇百怪。但不論他們在哪種領域寡占其市場，卻仍有共同特性可供歸納。

觀察是否具有寡占商機，有以下幾個重點：

第一、在於沒有同業的競爭者，或者，同業無法擁有一樣的技術、成本。

第二、寡占後，要能擁有廣大的市場，而非小眾市場。

第三、毛利率要能比其他同業高，或產量大到可以弭補毛利率。

能擁有以上三項特質的公司，就是具有寡占商機的公司。

投資寡占市場是很吃香的事情，寡占商機在股市中更具有呼風喚雨的能力，若又能同時搭配當時主流類股的話，股價更會一日三市，快速拉升，寡占商機不可輕忽。

燃料能源商機

　　早期工業革命，靠的是煤當燃料，推動第一次工業革命，不過煤的缺點是體積太大，效能不佳。後來，發現了石油，把石油加以提煉之後，不但燃料效能大增，體積更變得輕盈，提煉後的副產品，還可以多加運用，也因此產生了許多的塑化副屬產品。

　　近百年來，人類的經濟歷史，可以說是由石油文化所寫成的。現在我們生活起居與隨手可得的身邊任何產品，幾乎都與石油與副產品——塑化業，脫離不了關係。

　　我們用的電腦、電視、電話、桌子、開的車子，甚至衣服、碗盤、喝的水，每一樣都是直接或間接，使用到石油與塑化製品的一部分。所以，現代人可以說是完完全全的「生化人」。我們對於石油的依賴，可說已經達到，一天24小時，分分秒秒的依賴。

　　近期油價高漲至百元美金，已經成為常態，而且以後也絕對會越演越烈，只高不低。油價的高漲，代表的是我們的近期文明都是靠石油推動的，不得不妥協的無奈。

能源商品期貨價格

時間	商品名稱	交易所	成交	漲跌	漲%	開盤	最高	最低	昨收
10:06	紐約近月原油	NYMEX	99.59	0.92	0.93	99.33	99.60	99.09	98.67
10:06	近月熱燃油	NYMEX	3.20	0.02	0.64	3.19	3.20	3.19	3.18
10:06	近月天然氣	NYMEX	2.43	-0.05	-2.02	2.45	2.45	2.42	2.48
10:06	近月RBOB汽油	NYMEX	3.01	0.03	1.05	2.99	3.01	2.99	2.97
10:06	近月布蘭特	ICE	118.32	1.01	0.86	117.69	118.35	117.69	117.31
10:06	近月西德州輕原油	ICE	99.57	0.90	0.91	99.07	99.92	99.07	98.67
10:06	近月製氣油	ICE	1,001.00	4.25	0.43	996.75	1,001.00	996.75	996.75

　　筆者小時候的印象，原油價格大約一桶在一美元左右，那時候原油大概都比水便宜。中東地區由於沙漠多、缺水，也只好恁由外國油商自由開發油藏，以換取水資源。曾幾何時，原油在全球經濟的地位，越來越重要。目前人類生活起居，幾乎都已經完全脫離不了油與塑化產品，依賴性大增，這也讓油價由一元上漲百元以上。未來，油價絕對不只百元而已，可能會有數百元之譜。因為這是一項人類生活必須，但卻終究又會枯竭的能源。

　　在還未有替代能源的出現之前，人類還是必須持續依賴石油來發展經濟。甚至，縱使替代能源出現，人類也沒辦法脫離對於塑化品的需求，所以，石油仍將是未來人類必須依賴的能源礦產。

　　燃料能源這塊商機會小嗎？當然不會！所以，未來石油與石化產業商機仍是非常大，若未來油價有回檔，讀者應該

都要及時切入，因為油源只會越來越少，而人類對於原油的
依賴，也只會越來越大，一往一返之間，差距就越來越大。
這差距的落差，就只能依賴從價格上作調整了。所以，油價
從一美元漲到一百美元，並不是到頂了，而是剛剛熱身而
已！

供應鏈與集團商機

目前的工商業社會，已經不是單打獨鬥就能成功的社會，任何人的成功，都是靠其他人的努力與協助。若沒有其他人的協助，個人就不可能有太大的成就。

公司也是如此，單一家公司，便只能生產較單一化的產品，很容易受到景氣循環波動影響。而若能生產多樣化的產品，就比較能度過產業淡季。正因為如此，很多上市櫃公司，便知道要持續拓展其上下游與周邊事業。在這樣的環境之下，台灣有能力的上市櫃公司，於是便形成許多的集團。像我們在上篇所說的大聯大集團，已經成為亞洲最大IC零件通路龍頭廠商。又如鴻海集團，鴻海近年來透過購併或入主重要零組件及代工廠方式，來強化自家的代工實力。從早期的網通大廠國碁、數位相機普立爾，到手機的奇美通訊、車用連接器安泰實業等，都被購併。上市上櫃公司也包括網通的建漢及廣宇，甚至群創也併入奇美電，都納入泛鴻海集團。而本身旗下更有鴻準、正崴、崴強、位速、維熹、F-臻鼎……等公司，在中國更有富士康集團，這些公司都屬於泛鴻海集團，鴻海集團真可謂富可敵國。

而近期營收成長快速的集團，則有藍天電腦集團、巨擘科技集團、味丹集團、廣達電腦集團、元大京華集團、毅嘉集團、敬鵬集團、大成長城集團、中環集團、頂新集團、瓦

成集團、王品集團、旺旺集團、裕隆集團……等。集團組織是會不斷出現的，所以，沒辦法一一交代集團的形成，與種類、動向。

但是，若以研究投資集團商機的角度而言，能研究到一家集團「從無到有」的出現，並且適時卡位，那絕對是一件非常大的利潤商機。若又是一家發展性強、正派經營的集團，那麼只要持續投資該集團，也等於跟發現金礦的收穫差不多了。

正所謂大樹下好乘涼，集團的好處就是可以互相支援，互補有無。單一家公司則僅能靠自己打拼，所以，一旦市場上傳聞某某公司將被併購入某集團之時，通常這都會是一種好的商機浮現。或許，這種訊息一出現，股價便立刻飆升，就很難以低價買到。但做研究的精神，便是在於早發現。對於集團會不會併購的議題，其實，也是可以在研究終提早發現的。

例如，看某某公司的財務報表時，就應該注意該公司與哪些上下游廠商合作，若發現長期與某集團合作，而某集團又對於這樣的商品需求非常迫切的話，兩家合併成為一家的可能性就非常大了！

所以，研究一家公司之時，研究其協力廠商、上下游產業的廠商貨源、訂單來源是很重要的事情，別只看營收數字，多看一些貨源、訂單來源可以發覺很多投資的新商機喔！

節慶購買商機

人是需要節慶的動物，我們從一年當中，有這麼多的特別日就可以看得出來，人是需要節慶生活的。而且是中外皆然！西方有復活節、萬聖節、感恩節、耶誕節、新年等，東方人則有黃金週、農曆春節等等假期。

很多行業也是主要為了供應節慶需求而營運。像宗教、旅遊業、餐飲業、禮品等行業，早年LED產業，根本就是為了耶誕節的飾品而誕生的行業。現在很多的消費性電子產品，也常常為了西洋人耶誕節時送禮，而特別在節日前推出新產品。甚至，遊戲產業，像三大遊戲廠商——SONY、任天堂、Xbox等產品，也都會成為耶誕節時，父母送給小孩子的最佳禮物。

節慶購買商機一向是存在的，但是每年的題材都會變更。有時候景氣特別好時，高檔的電子遊樂器，會成為贈品的主流。有時候景氣較差，低價的消費性電子產品，反而成為市場主流。也有看當時流行的動態，廠商總是推出一大堆商品，讓市場去選擇。有時候是低價佔優勢，有時候是人性化佔優勢。

更有時候，有些產品就只是因為促銷得好，而佔優勢成為市場主流，像台灣的百貨業，每年業績最好的時候，就是他們週年慶打折的時候。能成為當時流行購買的商品，每次

的條件都不一樣，但有項不變的真理，就是：「能契合當時消費者的需求」。

蘋果公司已故執行長賈伯斯曾說：「別管消費者了，因為他們根本不知道自己喜歡什麼！」能說出這樣自信的話，而且真是做到讓消費者心悅誠服的，也只有像工作狂一般的賈伯斯，才能讓消費者了解自己喜歡什麼！一般人只能靠市調去了解消費者喜歡什麼！

所以，流行的訊息也是很重要，當我們在接觸生活資訊之時，應該要常常注意周遭的事物，小到一張DM，大到國家政策，都可以是透露當時「商機在何處」的資訊，若我們發現信箱中天天塞滿了房地產廣告，便告訴我們房價有可能悄悄動了。這時候，仲介業、建商的動態就成為很重要的投資資訊。所以，別小看小小的一張DM，它也可能是自己投資的一個良好媒介。

節慶購買商機通常是可以預期的，景氣好時，通常高價產品會有較好成績；景氣差時，相反地，低價才是王道。而且節慶通常是固定在一年當中同一時間上的。像黃金週，原本是日本四月至五月的多個假日串聯成的長假。近年來則被中國引用，在中國是指的是「春節」和「國慶」兩個節日中每個節日的連續七天休假。中國國慶七天休假稱為「十‧一黃金週」。通常消費力都會突然大增，旅遊業、餐飲業、電子消費通路業也會突然在那時興盛起來。

十一長假概念股

代碼	商品	買進	賣出	成交	漲跌	漲幅%	單量	委買	委賣	總量	最高	最低	開盤	昨收	昨量
>>2328	廣宇	30.60	30.70	30.70s	▲0.70	+2.33	177	17	48	2813	30.85	30.00	30.10	30.00	3400
2347	聯強	72.2	72.4	72.2s	▼0.50	-0.69	231	100	27	5421	73.0	72.0	72.0	72.7	8436
2357	華碩	248.0	248.5	248.0s	▲2.50	+1.02	69	8	10	2380	248.5	244.0	246.5	245.5	2434
2362	藍天	51.2	51.5	51.2s	▼0.50	-0.97	30	7	15	562	52.0	51.2	51.7	51.7	630
2384	勝華	24.90	24.95	24.95s	▼0.25	-0.99	4742	1183	177	40269	25.45	24.70	25.20	25.20	65944
2409	友達	16.30	16.35	16.30s	▼0.15	-0.91	2744	755	115	50138	16.60	16.25	16.60	16.45	93115
2454	聯發科	311.5	--	311.5s	▲20.00	+6.86	53	371	0	27424	311.5	291.0	292.0	291.5	10191
2601	益航	44.20	44.25	44.20s	▲0.90	+2.08	275	74	2	7659	45.40	43.80	43.80	43.30	8902
2603	長榮	19.45	19.50	19.45s	▲0.55	+2.91	1420	159	145	44608	19.75	19.00	19.00	18.90	10961
2610	華航	14.50	14.55	14.50s	▲0.20	+1.40	2087	192	1077	21338	14.60	14.30	14.30	14.30	10474
2704	國賓	38.40	38.60	38.45s	▲0.35	+0.92	73	22	15	1521	39.30	38.05	38.55	38.10	1129
2705	六福	20.85	--	20.85s	▲1.35	+6.92	5	11686	0	10089	20.85	20.00	20.00	19.50	3825
2706	第一店	21.15	21.20	21.20s	▲0.45	+2.17	6	1	38	770	21.50	20.70	20.70	20.75	481
2707	晶華	450.0	450.4	450.5s	▼6.50	-1.42	30	34	2	297	463.0	450.0	462.0	457.0	146
2903	遠百	43.25	43.30	43.30s	▲0.45	+1.05	472	23	12	11950	43.80	42.80	43.80	42.85	19798
2905	三商行	33.15	33.20	33.15s	▲1.00	+3.11	135	27	1	3089	33.90	32.80	32.80	32.15	1749
2908	特力	22.10	22.15	22.15s	▲0.60	+2.78	291	16	17	2807	22.25	21.55	21.55	21.55	1033
2911	麗嬰房	36.95	37.00	37.00s	▲0.90	+2.49	158	25	119	2892	37.20	36.45	36.70	36.10	2442
2912	統一超	155.0	155.5	155.0s	▲0.50	+0.32	134	146	2	5190	157.5	154.0	156.0	154.5	10050
2915	潤泰全	58.1	58.2	58.1s	0.00	0.00	273	15	8	4326	59.3	58.1	58.8	58.1	9239
2924	F-東凌	64.5	64.9	64.5s	▼0.90	-1.38	1	2	1	17	65.4	64.5	65.4	65.4	37
3008	大立光	610	611	610s	▼28.00	-4.39	307	18	39	12091	610	594	595	638	5211
3481	奇美電	16.80	16.85	16.85s	▲0.55	+3.37	2958	515	40	42858	16.90	16.30	16.30	16.30	58169
3545	旭曜	38.05	38.10	38.05s	▲0.85	+2.28	172	11	11	5110	39.30	37.50	37.90	37.20	7443
3697	F-晨星	193.0	194.0	193.5s	▼1.50	-0.77	437	200	108	9428	198.0	189.0	190.0	195.0	11926
3702	大聯大	39.45	39.50	39.50s	▼0.50	-1.25	402	168	7	8562	40.40	39.45	40.00	40.00	9179
5371	中光電	27.00	27.05	27.05s	▲0.25	+0.93	512	65	2	16189	27.40	26.55	26.80	26.80	13604
5706	鳳凰	69.8	69.9	69.8s	▲0.50	+0.72	45	3	3	1163	71.7	69.3	69.3	69.3	953
5903	全家	140.0	140.5	140.5s	▼1.00	-0.71	6	43	8	248	141.5	139.5	141.5	141.5	368
6120	輔祥	20.40	20.45	20.45s	▲0.25	+1.24	105	88	107	2870	20.50	20.00	20.20	20.20	4364

　　上圖為中國十・一長假概念股，也就是他們黃金週之一，相較於春節的買氣是較集中在民生物資上，十・一長假則偏向於消費性電子產品上。當然，旅遊業也是該節慶的重點股之一。

　　多注意西方社會的復活節、萬聖節、感恩節、耶誕節、年節等假期以及東方之黃金週、春節等節慶的時間，都可以在平淡無奇時，發掘出不少商機出來。能善於觀察以上的節慶消費力，早佈局以上的節慶消費能力，更能把自己的投資置身於優游自在的境界當中。

中國人大會議商機

中國人大會議通常會在每年的3月舉行，人大會議中通常都會將制定中共建政以來的第幾個經濟發展的五年計劃，在2011年時為十二個經濟發展計畫。近期的人大會議，中國領導人都希望能制定促進中國經濟的可行性計畫出來。若以大白話來說，也就是會釋放出「政治利多」出來。

在中國著重實踐性強的政治風格之下，人大會議通過之五年經濟計畫，釋放出來的利多，通常都會被地方政府風行草偃般的執行。像2009年實施的家電下鄉、2010年實施的汽車下鄉，補貼當時農村所需的家電用品、汽車，就讓當時中國的家電業者與汽車業者大為風光一陣子，台灣的業者也同蒙其利。

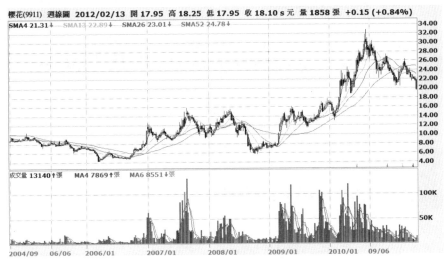

　　上圖為中國家電下鄉的受益股代表——櫻花（9911），
櫻花在中國佈局完成時，剛好碰到家電下鄉的政策，當時股
價在2008年時還在5.8元的低價位置，卻因為中國實施家電
下鄉之後，成為最大的受益者，股價連番上揚，在2010年5
月時股價達到最高點，來到32.5元的位置。相較於未實施家
電下鄉的政策之前的5.8元價位，兩者居然相差5.6倍之多。

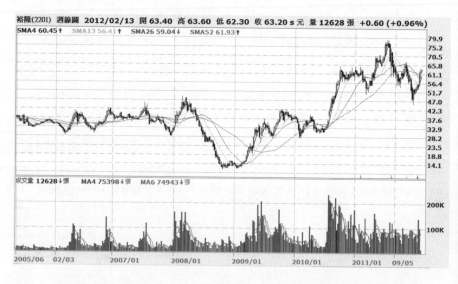

　　繼家電下鄉之後，隔年中國人大又實施汽車下鄉，汽車
下鄉的政策受益股，在台灣當然首推裕隆汽車（2201）。裕
隆汽車當時投資中國東風汽車，剛好遇到人大會議通過汽車
下鄉方案，成為接替家電下鄉的受益接棒人。裕隆當時股價
在2009年時只在12元位置。而經過，家電下鄉的刺激之下，

股價隔年回升至28元位置。但在2010年實施汽車下鄉之後，
股價便一飛沖天，股價一度到達78元位置，相較於汽車下鄉
未公佈之前的28元位置，股價上漲了2.8倍。而相較於最低
點的12元，股價更是上漲高達6.5倍之多。

　　從上圖的二家公司走勢中，我們可見人大會議的利多
力量，對於台灣的相關股而言，是一項多麼大的商機呀。所
以，若論每年都會定時出現的商機，就屬中國每年3月的人
大會議為最大。

　　我們可注意的焦點在於，中國人大會議達成哪些經濟政
策？而這些經濟政策又會對台灣哪些產業有正面性的幫助？
找出其相關性，商機就很容易浮現。因為這些商機，都是會
有延續性的，不是像台灣政治氣氛，只是放一下煙火，隨便
慶祝一下便了事！

兩岸金融商機

中國有13億人口,台灣只有二千三百萬人口,兩者相差56倍之多,而且近年來,中國經濟崛起,人民越來越富有,中國人民平均所得雖然只有一年4400美元,相較台灣一年的18700美元,有四倍差距,但中國的總體GDP,卻是台灣的13倍之多。到底算是哪個比較富有呢?自然是中國,因為他們的錢,每年都增加較台灣13倍之快!只是不均而已!

國家或地區	2010 GDP (百萬美元)	2010 成長率	2010 人均GDP	2010 預估值	2011 預估值	2012 預估值	2013 預估值	2014 預估值
美國	14,660,000	2.8	47,184	14,657,800	15,227,074	15,880,207	16,522,059	17,223,523
中國	5,878,000	10.3	4,393	5,878,257	6,515,861	7,209,418	8,057,406	9,016,232
日本	5,459,000	3.9	43,137	5,458,872	5,821,945	5,920,556	6,058,059	6,218,156
德國	3,316,000	3.5	40,509	3,315,643	3,518,592	3,599,981	3,691,071	3,779,927
法國	2,583,000	1.5	39,460	2,582,527	2,750,708	2,834,353	2,923,269	3,016,950
英國	2,247,000	1.3	36,100	2,247,455	2,471,883	2,602,487	2,743,352	2,890,993
巴西	2,090,000	7.5	10,710	2,090,314	2,421,637	2,576,244	2,735,302	2,913,970
義大利	2,055,000	1.3	33,917	2,055,114	2,181,362	2,245,905	2,304,311	2,363,085
加拿大	1,574,000	3.1	46,148	1,574,051	1,737,268	1,809,315	1,875,142	1,938,041
印度	1,538,000	11.1	1,477	1,537,966	1,704,063	1,858,969	2,061,138	2,279,734
俄羅斯	1,465,000	4.0	10,440	1,465,079	1,894,473	2,197,710	2,403,031	2,654,093
西班牙	1,410,000	-0.1	30,542	1,409,946	1,484,708	1,524,063	1,563,633	1,607,659
澳洲	1,236,000	2.7	42,131	1,235,539	1,448,154	1,470,027	1,573,996	1,552,456

國家或 地區	2010 GDP (百萬美元)	2010 成長率	2010 人均GDP	2010 預估值	2011 預估值	2012 預估值	2013 預估值	2014 預估值
墨西哥	1,039,000	5.5	9,166	1,039,121	1,167,124	1,231,642	1,293,304	1,355,863
荷蘭	783,300	1.7	47,159	783,293	832,160	852,482	871,575	890,799
土耳其	741,900	8.2	10,106	741,853	797,605	876,583	943,429	1,011,625
印尼	706,700	6.1	2,946	706,735	822,631	908,125	997,944	1,100,013
瑞士	523,800	2.6	66,934	523,772	594,223	602,593	610,349	618,320
波蘭	468,500	3.8	12,271	468,539	497,976	535,270	576,448	611,036
比利時	465,700	2.0	42,969	465,676	499,397	518,073	534,400	550,301
瑞典	455,800	5.5	48,832	455,848	544,716	591,544	629,953	663,710
沙烏地	443,700	3.7	15,836	443,691	578,566	606,016	628,122	669,184
台灣	430,600	10.8	18,700	430,580	503,941	545,458	590,777	639,563
挪威	414,500	0.4	84,840	414,462	478,964	494,242	504,897	516,789
奧地利	376,800	2.0	44,863	376,841	405,681	419,913	433,501	447,440
阿根廷	370,300	9.2	9,124	370,269	456,817	526,299	578,482	618,811
南非	357,300	2.8	7,275	357,259	383,124	402,493	423,775	447,480
伊朗	357,200	1.0	4,526	357,221	420,894	450,945	472,694	497,799
泰國	318,900	7.8	4,613	318,850	332,470	367,875	397,986	427,331
丹麥	310,800	2.1	55,988	310,760	337,811	350,359	361,516	372,416
希臘	305,400	-5.1	26,934	305,415	310,365	313,514	320,232	328,150

　　上圖為世界全幾名的總體GDP排行，中國已經竄升為全球第二大經濟體，台灣排行23名，由於中國人口眾多，繼續拉開與台灣的距離是遲早的事情。

　　而且近年來，台灣廠商大部分都把工廠移往中國大陸，台灣地區的公司，僅成為總部，或接單中心，真正生產的地區是在中國。雖然，名義上仍是台灣公司，但是在台灣卻只是個空殼子而已，設備在中國、雇員為中國人，產品為中國製造。日積月累之後，廠商在中國的資產會越來越多。相對地，在台灣的資產則自然會越來越少。

　　而廠商與金融體系往來之間，一般都得需要資金當活水，要資金在銀行裡一來一往，才能賺取利潤。不可能老是來台灣搬錢，然後去中國蓋廠商，終究會在當地融資，當地蓋起廠房來的！

　　未來台灣資金只會越來越少，中國資金只會持續增加。金融業若未能往中國地區發展，將是非常不利之事。有鑑於此，近年來，台灣積極想與中國在金融業上達成部分互通協議，最終走向貨幣互相承認的路線。將是對於金融業有非常正向的幫助。

　　若中國與台灣在金融體系上達成互通的協議，將是非常有利於台灣金融業的開拓。以往的情形，都是台商過去了，把資金帶過去了，卻把債留在台灣。若金融體系也可以在中國設立分行，將有助於改善這樣的狀況。而且，可以吸收中國日益龐大的所得。對於金融業而言，中國是台灣的56倍大的市場，有了這個市場，無益於是再次的重生。

　　而對於投資人而言，中國金融這塊商機也是大的不得

了，且難得尋覓的商機。跟著台灣金融業的開放腳步，將是
非常穩健的投資方式。

　　上圖為切入中國市場最積極的金控公司──富邦金，我
們可以從上圖看出，在金融海嘯過後，富邦金的股價一度拉
回至16元價位。但是，在馬政府積極與中國簽定「兩岸金融
備忘錄」之後，富邦金股價又如同獲得重生，在2011年時，
股價一度來到48.8元位置，相較於二年半前的17元，股價已
經上漲了三倍之多。誰說金融是大牛股，押對寶的商機，還
是有無限的可能！

　　找尋的商機模式，便是查詢哪家金控公司在中國的腳步是最快的、最穩健的。我們只要從每季的季報當中，抓出金控業在中國部分的收益部分，就可以了解哪家公司在中國的根基最穩。由於這是一項金融業的長時間利多，所以，不用太在乎短時間的股價變化，逢低買進，甚至趁股災時買進，持股續抱，都可以享受到未來金融業在彼岸開花結果的甜美果實。

中國內需零售通路商機

上一篇我們說過中國有13億人口，相較台灣的2千3百萬人口，為台灣的56倍之多。56倍的人口，都是需要吃飯、消費的。對於台灣而言，中國可說是最具有血緣關係的周邊國家，大家同文又同種。

同文同種的好處是，兩地人在思想上的差距不會太大。台灣人會喜歡什麼商品，中國人大致也會喜歡那商品；台灣人愛什麼消費，大致上，中國人也會愛什麼消費。就像陸客來台，就喜歡台灣人愛的阿里山茶葉、鳳梨酥、愛逛台灣常去的日月潭、士林夜市等。

所以，以往台灣已經快要站不住腳的夕陽產業，一移轉到中國，馬上就變成搶手商品。我們以康師傅——頂新集團為例，康師傅在中國大紅大紫，海撈了不少的大錢，最後還成立集團，還衣錦返鄉，回來成為頂新集團，甚至吃下台北101大樓的部分持股，成為台灣地標的董事。

康師傅這麼利害！但說穿了，也不過是成功的複製台灣人愛吃的泡麵而已。另外，還有「旺旺」米果，也算是台灣人在中國的驕傲廠商。「旺旺」在台灣也只不過是再傳統不過的米果商，產品原料就是台灣人的主食「米」。但是，一到中國之後，也立刻受到中國人的喜愛，立刻成為食品大廠，也同樣衣錦返鄉，成為台灣驕傲。

　　但想要完全複製台灣的產品模式，接續到中國可是不行的。因為，中國的進步是「跳躍式」的，他們可不需要已經是次世代的產品，他們需要的是與世界同步先進的產品，這點從中國舉辦的北京奧運、上海磁浮列車等等設備，就可以看出來，中國現在的需求，都是講求要最先進的設備。國父孫中山說過「21世紀將是中國人的世紀」，這句話的已經開始應驗出來了。

　　21世紀將是中國人的世紀，當然中國的「內需消費」也會持續增加，中國的總體GDP越來越高，消費力也將越來越高。再加上，中國人的消費習性，與台灣人相似。這便讓台灣的通路商佔了很大的便宜。若台灣賣得好的商品，在中國銷售勢必也會好。相反的，在中國賣得好的東西，在台灣也會有一定的熱度。例如，以F-美食上市的咖啡連鎖店85度C，在台灣經營成功之後。便複製同樣模式在中國連鎖，也同樣大為成功，公司便以F-美食回台上市。也成功吸收台灣資金，去中國開拓市場。

　　下頁上圖為F-美食的股價走勢圖，股價一上市就曾經創造出400元的高價。只是F-美食獲利似乎已經先被市場所反應過了，股價一上市的走勢反而一路向下。不過在市場漸漸淡望之下，反而有機會觸底反彈成功。

　　上頁下圖為王品牛排未上市前，在興櫃的股價走勢圖。王品牛排未上市先轟動，股價高達500元，能夠這麼高價的最主要原因，也同樣因為是切入中國市場成功。所以，股價在興櫃市場便受到投資人的熱烈搶購，股價才會在一週之內，從400元一度上漲至550元之譜。未上市之前台灣已開135家，2012年將再開30家，大陸已開38家，2012年再開15家，2011年營業額70.3億元，預估2012可突破100億元，年底還有新品牌問市。

　　所以，只要能在中國卡位成功的內需通路業者，不管是餐飲、電子……等，投資人一定會對其股價有「非常夢幻」的評價。「夢幻」的原因無它，就是看好13億人口的商機，是台灣56倍之多耶！

　　但是，由於近期投資人對於往中國發展的產品，都已經先在興櫃市場上卡位了，甚至，不惜血本的卡位，想要等上市之後，再大作發財夢。這樣的投資人可能會打錯如意算盤，對於往中國發展的產品，筆者建議要有耐心；要嘛！在興櫃市場時，就先切入；要不然嘛！就先觀察公司上市後的表現，通常本益比過高，不用急著追，等到本益比趨近同類產品一致時，再投資，總會有發酵機會的。

陸客商機

　　自從開放陸客來台旅遊之後，的確讓台灣內銷景氣好轉。陸客來台，首先是提振台灣觀光及其周邊產業之消費景氣。據觀光協會的估計，開放大陸觀光客來台可使台灣服務業產值增加至少一千億元以上。同時陸客來台也對於台灣觀光周邊有拉抬的好處，這些產業包括台灣的航空業、旅行、觀光飯店、交通、餐廳、遊樂區、百貨業、特產等，達到擴大內需市場，同時也可以增加台灣的就業機會。

　　另外陸客來台消費，消費產品早期僅限於阿里山的茶葉、鳳梨酥等特產，根據台北市糕餅商業同業公會理事長張國榮推估（非官方正式統計資料），過去五、六年台灣鳳梨酥總產值已經從二十億元暴增到現今的兩百億元。但目前中國觀光客需求已經擴及各式各樣的商品，其中最鍾意的是台灣本土製造的產品，像是3C商品、台灣名產、象徵台灣文化的紀念品等。這些商品透過陸客傳到對岸，也等於是替「台灣製造」形象打廣告，台灣製造優於中國製造的形象，也已經深植中國人的人心，未來「台灣製造」可進一步行銷攻進大陸各個地區。

　　而且目前台灣已經開放國內銀行可直接進行人民幣的買賣，雖然貨幣的轉換交易規模仍然不大。但是開放觀光後，陸客將人民幣攜至台灣消費，而這些人民幣回流至台灣當地

的銀行，無形中降低台灣當地銀行對人民幣的存量需求，而且也減少到外地買回人民幣的交易成本，對兩岸貨幣的自由流通幫助甚大。

近期有家台北市酒泉街糕餅店——維格掛牌上興櫃，而且輔導券商還給予維格25倍起跳的本益比評估，可見陸客商機有多麼的大。維格餅家就是以鳳梨酥賣出名氣的，小小一塊鳳梨酥，居然能享有高本益比，這代表了什麼？這代表了維格不僅是台灣食品股，還是具中國概念的食品通路股。究維格的高成長，除了鳳梨酥賣出名氣，最主要就是靠陸客來台消費之功。公司經營手法也很特殊，最主要是與下游廠商配合，讓下游銷售業者參股，達到產銷一體的作用，維格鳳梨酥賣得好，商家自然也能分紅。

以上的例子就是典型靠陸客商機起家的典範，以後像這樣的廠商，在台灣會越來越多。以台灣製造為號召，成功吸引陸客觀光團的消費，我們在前一段已經說過，目前陸客消費型態已經開始多樣化。

關於陸客需求商機的觀察，其實也不難，就是觀察我們周遭具有台灣本土色彩的產業，未來若能成功吸引陸客商機，都將是最好的投資標的！

大陸汽車零件商機

台灣汽車廠裕日車（2227）在尚未有自有品牌之前，股價僅在30元附近打滾，而在自有品牌的汽車——納智傑（LUXGEN）出現之後，股價漸趨轉熱，拉升至60元附近價位。但是當它以自家納智傑（LUXGEN）車款成功切入中國市場之後，股價又翻了數倍，達到234元高價。相較於最低點的30元價，為股價上漲了7.8倍之多。這也是多虧了中國市場的助益，裕日車股價才能有如此風光的走勢。

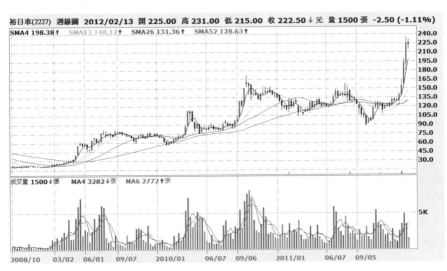

上圖為汽車廠裕日車（2227）的走勢圖，從圖中我們可以看到自從馬政府接掌之後，有馬友友之稱的裕隆集團股價

都表現亮麗。其中又以具有納智傑（LUXGEN）進軍中國市場題材的裕日車，最為風光，股價在短短四年之內，翻漲了7.8倍之多。

裕日車的成功，說明了「台灣製造」這四個字，在中國人心裡的地位是高於中國製造。而裕日車成功的打入中國車市，能獲利的絕非僅有裕隆集團而已。能真正受益的，反而其是周邊汽車零件廠。

納智傑（LUXGEN）汽車之所以賣的好，當然，也是有協力廠商能提供好零件的功勞，所以，若喜歡納智傑車款的人，應該仍會延用其正廠零件。而且一輛汽車零件有上萬個，納智傑（LUXGEN）汽車賣出之後，生意大致上就算結束了。但一輛納智傑（LUXGEN）汽車賣出之後，後續的維修、保養、更換零件等，才是更大的商機。這些商機，恐怕受益最大的，會是與納智傑合作的協力廠商。

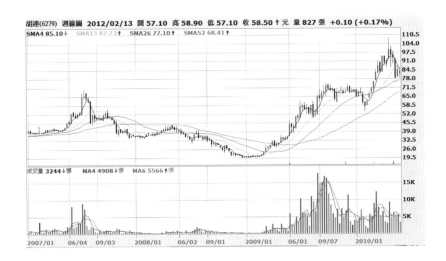

胡連(6279) 週線圖 2012/02/13 開57.10 高58.90 低57.10 收58.50↑元 量827張 +0.10 (+0.17%)

　　汽車電子零件廠-胡連（6279）早年切入汽車電子零件供應商，在2009年時，中國廠正式營運，隨著中國汽車需求增溫，在2010年中國汽車需求更是首次勝過美國，成為汽車需求第一大國。胡連也跟著獲利豐厚，股價在2009年時，僅19.5元，但經過一年之後，股價暴增至最高至108元，股價短短一年之內，上漲了5.5倍之多。可見中國汽車零件需求商機有多麼大！

　　尤其，納智傑（LUXGEN）汽車號稱以電子零件功能取勝大陸同級車款，近年來，汽車又大量使用汽車電子零件，以增加開車的方便性、安全性與舒適性。汽車電子零件一多，維修自然也跟著增加。跟著台灣汽車廠前進中國的零件

廠商，尤其是以「汽車電子零件」廠商居多，「汽車電子零件」在中國的商機，可說是越來越大。

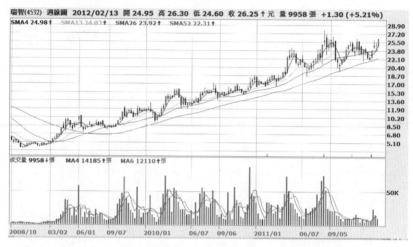

上圖是以生產冷氣壓縮機為主的廠商──瑞智走勢圖，冷氣壓縮機雖然也算是高門檻行業（一調生產線，大約需台幣10億元設備），但市場終究有些飽和。瑞智眼看如此，於是轉往汽車空調發展，後來也成功切入納智傑（LUXGEN）車款與中國汽車供應鏈當中，於是股價從2008年的4.1元低點，受此商機影響，股價上揚，至2011年時，股價已經上漲至高點27.95元，從4.1元上漲至27.95元，股價翻揚了6.8倍之多，原因無它，就是因為它切入中國汽車零件供應鏈當中。

中國從2009年時已經數年蟬連全球汽車需求第一名，成

為不折不扣的汽車大國，而汽車零件有上萬個，自然需要不
斷維修與保養。可見在中國零件廠的商機，將會愈來越大。
當然台灣廠商中，若能在中國當地生產，並切入中國汽車廠
的廠家，商機也絕對會很大，投資中國汽車零件廠商，會是
一種有遠見的投資！

山寨機、小米機商機

說到近期的中國經濟崛起，讓人印象最深刻的，首推中國的山寨機。中國當地文化，還未論及講究智慧財產權的地步。什麼東西都只是便宜就好，任何產品要在中國大賣，「便宜」就是王道。

所以，當手機在全球崛起之時，中國當地也開始產生他們自身的手機產品，我們稱之為「山寨手機」。山寨手機之所以能迅速攻佔大陸市場，源於它的價格低廉，而且功能眾多。許多功能符合當地文化的要求。

例如，有款山寨手機，有四個喇叭，用意就在於可以在來電時，鈴聲特別大聲。因為當地農民在耕作時，可能把手機擺在田埂旁，若來電鈴聲不夠大聲，則無法知道來電的訊息。像這樣的設計琳瑯滿目，目的就是要符合當地的民情的特別需求，而且價格必須低廉。

一般而言，山寨手機價格只需正常手機之1/4～1/6價格，剛好也很符合當地的平均所得。

而能讓山寨機以如此低廉的價錢出售的主要原因，就是幕後有個很重要的推手，那就是台灣IC設計廠商——聯發科（2454）。

聯發科(2454) 週線圖 2012/02/13 開 292.00 高 324.50 低 291.00 收 317.50 s 元 量 65301 張

SMA4 522.75↑　SMA13 533.08↑　SMA26 518.88↑　SMA52 461.06↑

成交量 22935↓張　MA4 26827↑張　MA6 24526↓張

上圖就是我們介紹的聯發科（2454）股價走勢圖，當時
聯發科在供應中國山寨手機的IC晶片時，股價默默拉升。股
價在2008年時來到177元的最低價格，隨後就因為可以廉價
大量供應中國山寨手機的IC晶片。山寨機IC晶片讓公司一炮
而紅，訂單如雪片飛來，公司股價也開始反應營收，一路
長紅，經過約2年時間，股價最高時已經來到590元價位。距
離當時最低價之177元，股價在590元時，兩者相差3.34倍之
多。聯發科推升了中國山寨文化的誕生，也推升自己公司的
營收價值。

當時聯發科以低價的手機套裝晶片，一次滿足了所有

山寨手機所需要的手機設計模式。任何當地的手機業者，若想研發自家的手機，只需向聯發科訂購手機IC晶片，然後稍微修改手機內裝配備即可，至於手機IC晶片所提供的功能，聯發科則是一次給足在同一晶片上，業者所需的功能，都能在一個晶片上得到滿足，這點很像目前很流行的桌上型電腦 all in one主機板，一片主機板把視訊卡、音效卡、網路卡等等通通一次整合在一片主機板裡面，USER不用再特別地一片片的往主機板上插各式各樣的卡。由於聯發科產品的便利性，山寨文化便大大受到鼓舞，聯發科自然也能為手機業者力捧的上游公司，股價也翻了幾翻。

而不幸的，世代交替也出現在手機產業上，而且是快速的出現，當大家都還在歡欣鼓舞之時，手機的第三代革命卻悄悄興起。聯發科或許太耽樂於山寨機的成功。3G手機卻悄悄的革了他的命。3G手機廠商蘋果、HTC與韓廠三星，以各家擁有的特色，迅速的攻佔高價的3G手機市場。這次聯發科來不及防備了，由於聯發科3G晶片一直未有良好的測試報告，以致於延誤商機。也讓蘋果、HTC、韓廠三星三家廠商在3G手機市場三足鼎立。聯發科股價也從590高價摔落至2011年八月的220元。

不過，就在聯發科來不及回防之際，中國自家的山寨手機廠──小米科技廠，開始改使用美國高通的3G手機晶片，自行研發一款又便宜、性能又佳的3G手機，名為小米

機，在大陸手機市場迅速竄紅。小米機執行長雷軍也宣示
2012年小米手機銷量預計達200萬台，同時也準備將這款手
機引進台灣，估價約7000元台幣，目前小米機供應商為台廠
英華達、富士康、宸鴻、勝華、光寶等。至於未來，還有沒
有像小米2號、小米3號等出現呢？這是肯定一定會有的！因
為3G手機市場已經漸漸成熟，2012年是走低價3G手機的時
代，小米2號、小米3號……將會持續出現。

　　像山寨機、小米機等的商機，也會不斷翻新出現。投資
人若肯專注於新款手機的上游供應鏈訊息，就不難找出像聯
發科這樣的台灣廠商。投資像聯發科這樣卡位手機IC設計位
置的公司，便能坐享未來山寨手機的大商機，不管手機市場
怎麼變，山寨文化永遠都會存在的，投資山寨文化，也是一
件非常划算的商機。

馬友友商機

投資有一項真理，那就是：「別跟政府作對！」我們在《籌碼商機論》中說過，股市是政府作莊的賭場，而且莊家可以改變遊戲規則，情勢對於政府執政不利時，政府可以停止融券放空、可以把跌幅減至很小的範圍。等於是告訴投資人，你就算是放空、賣股票也賺不了多少錢。一段時間過去之後，等風平浪靜一切回歸正常之後，莊家又可以調回原來的成數。

所以，在股市中，若非國際性的問題，若只是國內性的問題，往往執政黨便會應用各種方法保護股市，因為保護股市，也等於保護了它抽稅的利益，玩家與莊家雙方互相得利。這也才有「別跟政府作對！」的名言。

所謂的馬友友商機乃是指與當時馬政府時代，與總統友好的一些企業團體與公司，像當時鴻海集團、裕隆集團、宏達電集團等，都是非常力挺馬團隊的集團。

友馬概念股

代碼	商品	買進	賣出	成交	漲跌	漲幅%	單量	委買	委賣	總量	最高	最低	開盤	昨收	昨量
3413	晶鼎	17.50	18.00	17.90s	▲1.42	+8.62	2	4	2	220	18.70	17.40	17.60	16.48	136
3051	力特	2.12	2.14	2.14s	▲0.14	+7.00	267	19	124	938	2.14	2.00	2.00	2.00	306
6287	元隆	5.06	--	5.06s	▲0.33	+6.98	81	62	0	1333	5.06	4.72	4.73	4.73	397
9941	裕融	70.6	--	70.6s	▲4.60	+6.97	6	5817	0	5330	70.6	66.6	66.6	66.0	2496
2367	燁華	14.65	--	14.65s	▲0.95	+6.93	26	1574	0	25057	14.65	14.00	14.00	13.70	4162
3582	凌耀	162.0	162.5	162.5s	▲10.50	+6.91	51	2	285	2004	162.5	154.0	156.0	152.0	2291
2328	廣宇	32.70	--	32.70s	▲2.10	+6.86	39	3528	0	10189	32.70	30.60	30.80	30.60	2567
8110	華東	12.50	--	12.50s	▲0.80	+6.84	13	969	0	11239	12.50	11.70	11.80	11.70	3163
3553	力積	25.80	--	25.80s	▲1.65	+6.83	2	607	0	2303	25.80	24.20	24.20	24.15	1671
6116	彩晶	3.64	--	3.64s	▲0.23	+6.74	47	31997	0	19222	3.64	3.64	3.64	3.41	17169
5346	力晶	1.34	--	1.34s	▲0.08	+6.35	66	1760	0	24463	1.34	1.27	1.32	1.26	20868
3049	和鑫	16.75	16.80	16.80s	▲1.00	+6.33	870	191	57	49555	16.90	15.40	15.80	15.80	57092
2348	力廣	1.86	--	1.93s	▲0.11	+6.04	2	5	0	21	1.93	1.73	1.73	1.82	17
1309	臺達化	14.25	14.30	14.30s	▲0.75	+5.54	183	2	25	6786	14.35	13.75	13.80	13.55	4697
3508	位速	126.5	127.0	126.5s	▲6.50	+5.42	397	46	103	9349	127.5	121.0	123.0	120.0	8478
1314	中石化	37.15	37.20	37.15s	▲1.90	+5.39	1338	204	361	51842	37.60	35.80	35.80	35.25	13061
1304	臺聚	30.25	30.30	30.30s	▲1.50	+5.21	601	7	5	18597	30.40	29.00	29.00	28.80	6455
2344	華邦電	6.84	6.85	6.85s	▲0.33	+5.06	3213	44	755	71059	6.87	6.60	6.60	6.52	88602
3034	聯詠	89.5	89.6	89.5s	▲4.30	+5.05	274	49	20	12405	90.5	85.8	86.5	85.2	7046
3481	奇美電	16.90	16.95	16.95s	▲0.75	+4.63	2148	489	599	56762	17.05	16.35	16.50	16.20	42080
5469	瀚宇博	15.40	15.45	15.45s	▲0.65	+4.41	107	24	16	2419	15.55	14.70	14.80	14.75	1419
2492	華新科	10.70	10.75	10.70s	▲0.45	+4.39	144	366	78	10369	10.80	10.10	10.25	10.25	4870
5467	聯福生	2.97	3.12	3.11s	▲0.13	+4.36	2	5	2	2	3.11	3.11	3.11	2.98	2
3062	建漢	33.10	33.15	33.10s	▲1.35	+4.25	285	46	19	8455	33.45	31.75	31.90	31.75	3976
4904	遠傳	58.0	58.1	58.1s	▲2.30	+4.12	362	43	112	9016	58.1	55.9	56.5	55.8	5465
3227	原相	93.6	93.7	93.7s	▲3.60	+4.00	85	15	1	5037	95.9	90.6	91.0	90.1	1159
1305	華夏	12.40	12.45	12.40s	▲0.45	+3.77	734	178	2	24727	12.55	12.20	12.30	11.95	22490
1308	亞聚	40.90	40.95	40.95s	▲1.45	+3.67	143	28	1	5972	41.20	39.65	39.70	39.50	2341
1714	和桐	18.35	18.40	18.35s	▲0.65	+3.67	583	27	13	19085	18.75	18.05	18.20	17.70	6169
2303	聯電	15.20	15.25	15.25s	▲0.50	+3.39	1932	823	1282	57864	15.25	14.85	14.90	14.75	35128

鉅亨網　完整下單服務　　　　　　　　　　　　顯示下單　顯示后

　　上圖就是馬友友的一些公司，在馬先生連任總統成功之際，股價也相對表現亮麗！其中大部分公司，會成為馬友友概念股，都是因為已經在中國地區生根茁壯，必須要有和諧的兩岸關係，才能持續拓展公司經濟發展。在形勢比人強之下，個人政治傾向擺一邊，生意的利益最重要，當時的挺馬，也等於是「顧肚子」的一種自然行為。

　　所以，相對的，在馬先生第二次連任總統成功之際，挺馬的集團也同樣沾光，自然在政策受益上，會比反馬的集團，還要更要適應環境一些。不過這些幻想，只能算是投資

人的聯想而已！

　　真正的公司收益，還是要靠公司自己打拼。但是若能配合政府政策的一些公司，其實，要作出一些成績出來，也是會比跟政府作對的公司要容易一些！

　　而所謂的馬友友商機，其實，更可以泛指擁護政府概念股。2000年時扁政府時代，一些具有綠營色彩的公司，股價也相對較同類股為強，主要原因無他，也就是因為擁護當時的扁政府執政團體。自然較容易受到當時政府「愛的關懷」，公司業務自然也就蒸蒸日上。

　　所以，所謂的馬友友概念，更可以說是，泛指擁護政府政策的上市櫃公司！這些公司在執政黨執政期間，通常都比較不會出現亂子，自然商機也較同類股更大一些。

貨幣升貶商機

有買賣過期貨交易的投資人都會知道，貨幣期貨的升貶，對於交易損益而言，是非常鉅大的。同樣的貨幣的升貶，也會對於產業的營收影響非常鉅大。雖然長期來看，貨幣的升貶，不會像股市中的股價一樣，上漲、下跌這麼大的空間，大都只在10％內遊走。但是，由於貨幣的升貶牽扯到國家的經濟發展，與內銷、出口產品的利潤問題，看似影響不大，實則往往關係到一家公司的巨額盈虧。

尤其是在下游的組裝廠方面，貨幣的升貶幾乎完全決定了公司盈虧。像iPhone及iPad全球狂賣數千萬台，蘋果公司去年十到十二月單季獲利倍增到130.6億美元，折算新台幣約三千九百億餘元，一家蘋果單季獲利就超過台股全體上市公司單季總和。但台灣蘋果供應鏈廠商究竟從iPhone、iPad中能賺到多少利潤？綜合各項研究，蘋果幾乎已經將利潤吃乾抹淨，台灣廠商在iPad產品利潤結構中僅賺約2％、iPhone更低到0.5％而已。

接到蘋果的訂單，雖然甜美，但也卻只有0.5～2％的利潤空間，若再經過一點匯率的波動，組裝廠幾乎就等於在做賠錢生意了。所以，這就是為何，在2011年終時台幣升值太快，升接近28元比一美元時，不但央行極力阻止，財政部長更出來喊話說：「若台幣升過28元的話，台灣有一半以上

的出口廠商，都將會無利可圖。」就是因為匯率升值不利出口，台灣又以出口為主，自然受害最深。

匯率升值不見得都是壞事，因為台灣匯率之所以會升值，通常都是亞洲貨幣是強勢貨幣所致。這也表示有熱錢流入了亞洲與台灣市場，熱錢進市場，若引導的好，則是股市的活水，可以讓股價水漲船高。尤其以資產股受益最深，其次則是以進口為主的塑化、食品、民生用品等都是受益最深的產業。

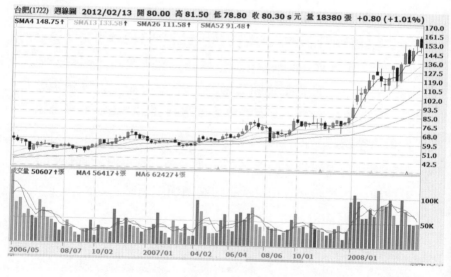

上圖為資產股代表台肥（1722）的股價走勢圖，在金融海嘯還沒發生之前，亞洲貨幣在中國經濟崛起之下，成為世界強勢貨幣，各地的熱錢持續湧入亞洲。當然新台幣也不例

外，熱錢進來之後。通常為了求穩定，都會鎖定資產股為投資標的，當時台肥股價就這樣被拉升起來，從約60元的價位，拉升至160元的價位，股價足足漲了100元，股價上漲了2.6倍之多。

從台肥的例子，我們就知道匯率戰爭是很慘烈的，像美國在金融海嘯時，實施貨幣寬鬆政策，說白了就是印鈔票救經濟，這也讓亞洲國家中持有一堆的美金的中國、台灣等國家啞巴吃黃連，眼看著自己手中的美金貶值，卻也只能含淚支持美國的貨幣寬鬆政策。

從總體經濟的角度而言，匯率代表了外銷產品的競爭力，若持續升值，非常不利出口；相對地，持續貶值則國家將陷入通貨膨脹的問題，不過匯率升值、貶值都是一種商機。就像資產股台肥，可以跟著台幣升值，而坐想漁翁之利。出口電子業，則相對地會受益於台幣貶值所帶來的競爭力提升，升貶兩者都是匯率商機。

電腦展商機

　　一種商品若要讓很多人知道它的好處，最快的方法，當然就是刊登廣告。不管是定點的看板廣告、電視廣告、書刊雜誌平面廣告、大眾捷運廣告、還是虛擬的網路廣告，總之只要人潮在哪裡，就往哪裡去登廣告。廣告越多、知道的人就會越多，效果也就越好。

　　但是，一種商品若只想讓特定人士知道，就不能大肆的廣告了。這時候只有去特定人士常會駐足的地方登廣告，效果才會彰顯。

　　當然，若能招集同業，在一段固定時間，大家一起展示商品，由於種類眾多，又有競爭性，自然更能吸引特定人士前來參觀比較，進而達到下訂單購買的目的。

　　這樣的展覽，在電腦同業之間行之有年，效果也非常顯著，於是各國的電腦業者也紛紛展開了當地的電腦展。全世界有三大電腦展，由於參與的廠家眾多，產品先進，已成為國際性的展覽，每年電腦大廠有什麼新的產品，或都會概念商品，也都會利用這三個大型電腦展的機會揭露新產品。這三個電腦展分別為：拉斯維加斯（CES）電子展、台北國際電腦展（Computex Taipei）、德國漢諾威CeBIT電腦展。

　　其中台灣由於一度佔據全世界70%的電腦製造，故台北電腦展也成為國際性的展覽。

　　以台北國際電腦展（Computex）而言，每年的Computex展大約有1,700家廠商參展，商機約有2百億美元紀錄，是目前全球第二大的電腦展。三大電腦展合計下來，大約就有6百億美元的商機出現，換算新台幣為1.8兆元。

　　台北國際電腦展（Computex Taipei）在半年前便開始招商，規模一年比一年擴大，2012年已經擴大至1800家廠商。很多重量級廠商，尤其是台灣本地的各家電子大廠，都會選在台北國際電腦展發表他們的最新產品，一來可以招商，二來可與同業比較，三來則是可以吸收其他協力廠商，擴展其他方面的商機，一舉數得，何樂而不為呢？

8兆元的商機自然是非常大的商機，而且這商機是展示未來即將發表的產品。人之所以會投資，都是看好未來性，而新產品就是最好的未來性代表。所以，我們若研究投資商機，就不能漠視這三大國際電腦展的機會。

很多公司的創意產品、未來產品，都會先利用這三大電腦展的機會先展出，以吸引買家以及其他協力廠商；例如目前的三大遊戲廠商，都會利用電腦展的機會，展示自家未來的新主機，縱使這新機要在一年後才上市，也會急著再一年前就推出來展示。

這樣一來，不但可以吸引買方的注意力，更是要吸引遊戲軟體業者的加盟，因為遊戲機再好，若沒有遊戲軟體業者的支援，再好的機器也會乏人問津。

投資人，尤其是研究產品趨勢的研究員若沒有辦法出國看拉斯維加斯（CES）電子展、德國漢諾威CeBIT電腦展，起碼在台北展示之台北國際電腦展（Computex Taipei）無論多忙，也該抽空去看看，多看、多感覺，商機自然就會在那裡出現！

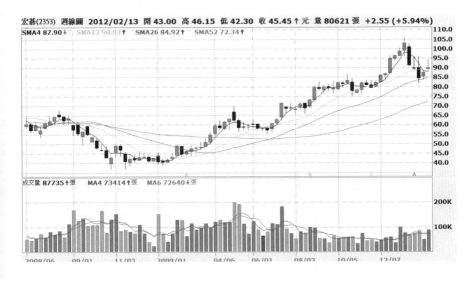

上圖為宏碁（2353）的股價走勢圖，宏碁在2009年時的
台北國際電腦展，首次展示了自家的迷你小筆電，當時雖然
令人驚艷，但卻沒有馬上造成市場的轟動。後來，在許多歐
美買家看好下訂單之下，小筆電小兵立大功，讓宏碁公司股
價從40元翻揚至105元，股價提升了2.6倍之多。

世界盃球賽商機

　　人類是喜歡玩球的，就算自己玩不動，也喜歡看別人玩。而且是中外皆然，於是便產生了各類的世界盃球賽活動。像排球、羽毛球、桌球、撞球、網球、高爾夫球、足球、棒球、籃球、橄欖球等等球類運動，都已經成功的佔有人類運動史上，不可動搖的社會地位。有名氣的職業球員更是被捧的與明星一樣，受到大眾的喜愛。

　　各類球賽都有其愛好者，有人只喜歡一項球類活動，有人喜歡二、三項，更有的人通通喜歡，只要是球賽一律欣然接收。不管是職業的球員，還是業餘球迷，球賽對於他們而言，都有一股強大的吸引力。這強大的吸引力，足以讓很多人花很多的錢，坐飛機也要去看一場比賽，因此也創造出不小的商業活動，有商業活動自然就有商機的存在！

　　球類運動之中，又以足球最能創造出來龐大商機。世界盃足球賽每四年一次，每次世界盃足球賽，全世界各國無不動員自己國家內最優秀的選手參加。能夠參與世界盃足球決賽，就已經是最光榮的事情，若又能得獎，更會舉國歡騰。尤其又以南美、南歐等國家，若球隊能贏得世界盃冠軍，全國都還因此會放假一天以示慶祝，可見當地是民眾多麼瘋狂！

　　當然，全世界注意的球類活動，自然也是商機龐大。

由於不是每個人都有錢、有閒可以坐飛機到主辦國去觀賞比賽。於是便產生了轉播商機,而這轉播球賽的商機,不僅僅限於電視節目而已,更擴及至收看者的電視設備、網路通訊、電腦設備等的硬體設備。甚至,也牽扯到廣告行銷的活動。

舉例而言,2010年世界盃足球賽(2010 FIFA World Cup South Africa)為國際足總第十九屆世界盃足球賽,於2010年6月11日至7月11日在南非9個城市的10個球場舉行。當時最大的商機,便是「數位電視」與「機上盒」兩項產品。球迷無法飛到南非看球賽,自然想在自家的電視換成高畫質的數位電視,而且由於訊號要清晰,又啟動了另一種網通的商機——數位機上盒。兩種視訊設備就是因為世界盃足球賽,才得以迅速擴展開來。

世界各地的盛況暫且不說,光是台灣地區,為了觀看是世界盃足球賽與台灣之光王建民的棒球比賽,因此安裝中華電信數位機上盒MOD的申請人,就比一般時多了快十倍之多,可見球賽的商機是非常鉅大的。

要投資球賽商機,須注意的是,每次的球賽的商機,都會因為焦點的不同而改變,不會一成不變。不是每次都是只有數位電視、機上盒等產業受益。有時候,可能只會是一項小商品受益;但是有時候更可能會是整個大產業通通改變方向。更有可能,有時候只是一款明星代言的商品走紅,或贊

助廠商產品熱賣。商機的種類變化無窮,唯一不變的,就是它們通通都是圍繞著這「世界盃」而產生的!

　　所以,若你是一個球迷,請別浪費了這麼好的興趣,在觀看球賽興奮之餘,別忘記了,還有一項屬於球迷專屬的商機可用。說不定您的投資,就屬每四年一次的球賽,讓您獲利最多!

奧運商機

若說世界盃球賽有商機，那麼，奧林匹克運動會有超級大商機，也不為過！

的確，目前奧運的正式比賽項目就有34項之多，而且還有夏季、冬季之分，也是每四年舉辦一次。比起球賽只有單一項目，奧運所需動員的資金與人力，可說是要多上數十倍之多，商機自然也大得多。

每個國家都希望能主辦奧林匹克運動會，因為開辦奧運不但可以拓展國家政治實力，更可以藉機擴展國內經濟實力，為了舉辦奧運，該國必須在八年之前，動工興建場地，必須緊鑼密鼓的展開所有硬體設施的規劃。

舉例北京奧運來說，2008年時第二十九屆奧林匹克運動會舉辦，又稱北京奧運會，因為是於2008年8月8日至24日在中國首都北京舉行。此屆奧運會是中國首次舉辦的夏季奧運會，亦是繼1964年東京奧運會和1988年漢城奧運會後，夏季奧運會第3次在亞洲國家舉行。

而中國的政治與經濟實力，也是在那次奧運之後，充分在世界舞台上展現出來。當時，中國大肆興建各種硬體設備，包括運動場地、公路、鐵路、捷運，甚至機場都是新建的。中國為了建設奧運所需要的基礎建設、硬體建設等，竟然把全世界的鋼鐵價格，都大幅拉升起來。

中國在那幾年，不但是鋼鐵最大生產國，也是鋼鐵最大輸入國。全世界的鋼鐵價格，也因為中國的需求而走了幾年的多頭行情。

上圖為中鋼的股價走勢圖，把中鋼（2002）從24元拉升至54元高價的，就是中國對於鋼鐵的需求。因為中國的鋼鐵需求，全球鋼鐵報價上漲，中鋼股價也在2006～2008年三年之間，逐步墊高，在2008年北京奧運揭幕時，來到最高點54元，漲幅高達2.3倍。走出這一波多頭行情的，就是奧運的商機。

當然，奧運所帶來的商機，不僅僅就只是一項鋼鐵價

格而已,舉凡奧運所需的基礎建設,例如建材之鋼鐵、水泥等,受益者就包括原物料、水泥、鋼鐵、營建等等產業。而奧運所擴展的周邊活動,更是包羅萬象,像通訊、網通、電腦、面板、手機產業,甚至LED、觀光、旅遊、飯店產業等等,數都數不清的產業,都會因為奧運而提升。

所以,奧運商機可說是無比之大,而且奧運是每四年舉辦一次,每次大約都是在2年前開始發酵。若喜歡注意奧運商機的人,便可以在奧運舉辦之2年前,便開始注意其動向,多注意該屆奧運的主題是什麼?通常主題就代表該國家發展的趨勢,沿著趨勢觀察,自然能找到奧運的商機!

奧運商機又是一項屬於運動迷獨享的商機,運動迷熱愛運動之時,不妨投資一下自己對於下屆奧運的商機看法,會比老是在股市當中,聽流言進出買賣要紮實的多!

農業商機

全球人口已經正式突破70億人，未來在醫療設備的發達之下，地球人口只會越來越多，不會越來越少，縱使有天災人禍，只要數年時間，也可輕易回補原來人數。

例如，發生於2008年5月12日之中國汶川大地震（四川大震災）一共死亡6.9萬人，中國政府有鑑於此，解除當地民眾一胎化的政策。於是在短短三年之內，到了2011年時，汶川人口數就已經恢復原來面貌了。可見人口成長的速度，遠比我們想像的還要來的快。

人口持續增加，最需要的是什麼？沒有錯，就是需要吃飯。人要吃飯，就是需要糧食供應，或許，很多人的飲食文化已經改變，不再是以往農業社會，以米食為主。而改以肉類為主食，米糧需求應該減少才是。但改以增加肉類食品的結果，反而消耗更多的糧食，因為要提供肉類，反而需要更多倍的糧食飼養牲畜，才能轉換成肉類供應人類食用。人類食用肉品，反而耗費更多的糧食。

根據聯合國糧農組織2006年7月份的估計，2006年全球的糧食產量大約20億噸，在2005年為23.8億噸，與2004年的26.8億噸相對照，已經是連續呈現下降趨勢。

又根據世界銀行統計，國際小麥和大米價格2007年增長超過一倍。

世界銀行報告說，截至2008年2月底，過去3年國際市場小麥價格上漲了181％，食品價格整體上漲了83％。而在3月至4月兩個月之間，國際大米價格猛漲了75％。

以上這些訊息告訴我們什麼商機？沒錯，就是糧食危機，更是「農業商機」浮現，未來農業將不再會是次要的產業，不再會是價格低廉的產品，而是將奪回以往人類「以食為天」的地位，未來飲食的重要性，將躍居人類生活中的重要份量。

對於台灣而言，台灣人口長期停滯在二千三百萬附近，農產品大致上可以自給自足。但是，食品、農產品等加工原料就需要進口。

所以，台灣對於農產需求，也同樣必須依賴其他國家供應，糧食危機同樣也會威脅到台灣！

至於農業商機有什麼可以投資的呢？農業商機，當然首推食品上游產業，尤其是掌握原料物流的公司，更是獲利收益的公司。至於中下游食品業，則未受其利，反受其害。原料高漲的壓力，由於同業競爭的壓力，常常無法完全轉嫁給消費者，以至於侵蝕本身的毛利率。

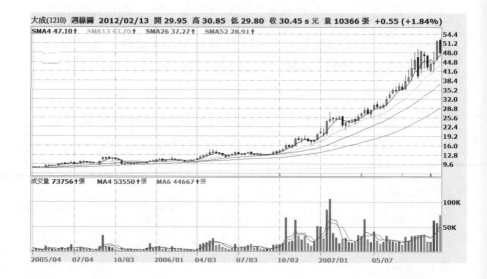

大成(1210) 週線圖 2012/02/13 開 29.95 高 30.85 低 29.80 收 30.45 s 元 量 10366 張 +0.55 (+1.84%)

　　上圖為食品的上游廠——大成食品（1210）在糧食危機
尚未發生之前，公司股價也才不過8元多一點而已，但是自
從2006年發生糧食危機之後。公司股價就一路往上攀升，至
2007年中，股價已經突破50元關卡，最高來到52.9元，短短
不到二年之時間，公司股價已經翻揚了6.6倍之多，便是拜
農業商機之賜。

惠光(6508) 週線圖 2012/02/13 開 28.50 高 29.15 低 27.85 收 27.85 s 元 量 696 張 -1.00 (-3.47%)

上圖為生產農業用藥的惠光（6508），股價並非與糧食危機同步成長。是在發生糧食危機之後，快一年。投資人才慢慢看到它與農產品價格拉升的相對關係，股價在2006年時，完全沒有表現，直到2007年中，股價才如大夢初醒，突然崛起，從18.9元短短二個月時間，飆升至55元，漲幅高達2.9倍。

另外，受惠於農業商機的另外一種產業，就是以維護農產品為主的農業用藥、肥料產業，以上二大類產業，會是農業商機的最佳受益族群。要投資農業商機，就鎖定上游農產品原料與農業用藥、肥料業兩大類族群。以目前天災頻繁，

農產品難保年年豐收之際，自然很容易成為農產品高漲之受益族群。人越來越多，要吃飯的人口越來越多，農業商機將會越來越大！

宅經濟商機

宅男宅女的概念是，有人越來越不喜愛出門，因為外面世界既現實又嚴酷。而且，現在網路科技發達，很多事情不需要出門，也能辦妥許多。因此未來將有越來越多的人，沒事寧願待家裡，而不願出去。待在家裡，就不會消費嗎？當然不是，一樣需要消費，只是消費的型態改變了。消費的型態，改為宅經濟模式。

「宅經濟」聽起來模糊，用起來倒也方便！

我們舉個例子來說，2006年阿扁總統退職之後，立刻官司纏身，其女兒陳小姐由於個性率直，常常成為記者們刺激的對象，陳小姐也常常掉入記者的陷阱當中，脾氣一來，就火冒三丈，常常對著記者開罵，如此一來更成為記者鎖定對象。後來，陳小姐也覺悟到，老是被記者們給戲弄也不是辦法。

於是也看上宅經濟的好處，原本要出門購物的，但是又怕碰到門口守候的記者，於是改上網查詢相關購物資料。一上網之後，陳小姐這才發現，原來網路上的商物，物美又價廉。相同的一項產品，由於網路商店沒有實質店面的租金問題，通常會直接把折扣回饋給消費者。

再加上，網路競爭者眾多，同樣一件商品，認真比較過後，往往都可以買到最便宜價格，而且還送貨到家，省去與

外面記者糾纏的功夫。

　　於是聽說陳小姐後來便迷上網路購物的好處，記者也漸漸無法拿捏她的行蹤，以致於漸漸對陳小姐失去興趣！這就是宅經濟的一項例子。

　　宅經濟它提供了實體商店沒有的優勢，那就是「價格」與「送貨到府」。這對於宅男宅女而言，絕對是一項很大的誘因。對於不是宅男宅女的現代人而言，也同樣具有很大的誘因，因為現代人來去都很匆忙，時間很急迫。很多時候，精力都耗盡在上班時間，已經沒有多餘的時間、精力與心情去從事悠閒的「血拼」活動。

　　人生活在和電影「鐘點戰」裡面描述的相似，時間已成為現在代人們最寶貴的資產。若相同一件物品，價格便宜又送貨到府，甚至，還可以貨到付款。省去往返購物的時間，豈不是正中自己下懷呢？所以，宅經濟要不風行，都很困難！

　　而宅經濟的商機有哪些呢？宅經濟商機是跨國界的，最成功的例子就是美國亞馬遜書店，亞馬遜書店最初靠網路賣書給全世界而大發，後來更衍生致線上購物等服務。

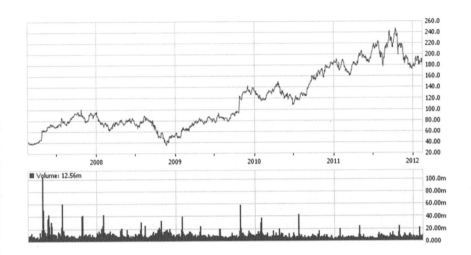

　　上圖為亞馬遜網路書店的股價走勢圖，近五年來，亞馬遜網路書店股價從20元美金，上漲至240元美金，上漲幅度高達12倍之多，漲幅之大令人瞠目結舌！相較於前一波的網路泡沫，這波的消費主要原因，就是宅經濟崛起，宅經濟打敗了網路泡沫的空洞性，成為真正的消費力。

　　宅經濟的幕後推手首推電子商務的盛行，由於電子商務要求可靠、服務時間不間斷。一般傳統商家多採上下班制，很難提供24小時全天候的服務，但宅經濟的電子商務便可做到時間不間斷，幾乎是24小時全天候服務，不僅是銷售，連售後服務也同樣能滿足顧客要求。

　　近期世界各地的線上購物股，價格均逆勢抗跌；乃是因

為因應網路購物所需,網路金融服務也應運而生。透過網路連線,物流、金流甚至人際關係的國際性網路,也同時建構起來,形成交易活絡且令人刮目相看的宅經濟。

所以,若想要投資宅經濟商機,則需注意哪家的宅配銷產品,能與網路金融、電子商務坐密切的結合,三者配合的越順暢,越能掌握宅經濟的精神。

像近期的便利超商都與網購商家結合,推出到住家附近便利超商便可取貨的方便性,便是網購的一大突破。從以往的被動等待送貨到家,改為消費者只需自己到住家附近便利商店取貨即可。宅經濟文化,又跨出了一大步。

未來,若還有其他的網路行銷,可以再打破網購的侷限性的話,勢必會再一次改寫目前的宅經濟生態。宅經濟雖然看似「繭居」,其實,反而可以說是走在時代尖端的消費文化。它的商機可說是無窮無限的!

數位化商機

以往的電子產品都是類比式的，像電視、音樂、電話等，都是類比式的電子產品。類比式的結構是人類聽覺與視覺可以接受的傳達模式，所以，電子產品一開始，就被發明人以類比式的結構給定位，定住了。後來，電腦的發明才有數位式電子產品。

電腦的結構，其實只會判別有與沒有的差別，也就是0與1的差別。但是任何的複雜變化，其實也是從0與1這兩種答案開始的。光是0與1的組合，就可以有無限多的變化。變化至今「數位生活」已經取代以往的類比生活了。

現在走出去看到一塊閃亮著LED的招牌，是數位的組合，等捷運看到計算著下一班捷運時間的，是數位的組合，看個電視、打個電腦、上個網、聽個MP3、看個電影、打個手機、查個時間，甚至玩個手機遊戲，通通都是數位的組合。數位化已經成功代替類比式與人力，數位生活已經無所不在我們的生活周遭了。

類比廣播轉換成數位訊號也已啟動，西歐各主要國家陸續在2012年即將轉換完畢，且2013年亦有中東、東歐等國家將展開轉換，連續性不同區域換機潮讓數位機上盒（STB）晶片廠揚智（3041）、F-晨星（3697）在數年內STB晶片出貨可望見持續成長。

　　台灣2012年6月以後，無線電視的頻道也通通改為數位化；這樣一來，電視畫質可以提高至無雜訊，清晰度也將比原先的類比式電視，清楚將近10倍以上。而把數位訊息轉為類比模式的機上盒銷售量，肯定會持續看好。

　　上圖為F-晨星（3697）股價走勢圖，F-晨星（3697）為全球電視數位機上盒第一大廠，故數位電視商機，以公司獲益最大，股價也在2011年8月觸底到110元之後開始走揚，至2012年2月，股價就已經到206元，半年之內漲幅接近一倍。

　　未來還有很多我們周遭的東西，也都可以改為數位化，只要是屬於視覺與聽覺的東西，通通可以改為數位化，數位化已經是一種不可避免的未來趨勢，也可以說數位化的商機是無限廣大。投資數位化商機，也是一種未來趨勢。

　　至於如何投資數位化商機呢？首先得先注意，自身周遭哪種視覺與聽覺的產品，目前還是屬於類比式的模式？只要還是屬於視覺與聽覺的類比式產品，未來一定有機會會被「有心人」給更改為數位化模式。所以，只要鎖定該種產品的發展即可。

　　就像上例的無線電視頻道數位化，電視傳播原本是以類比式在傳送，後來在政府的強力規定之下，電視傳播訊息也被強制改為數位化。有心投資數位商機的人，就像鎖定電視傳播數位化的模式，注意數位化的進度，即可獲得數位商機的潛在利益。

庫存回補商機

任何再精明的經營者,也都會錯估行情!任何穩健的企業,也都會一時看錯景氣!錯估行情、錯失景氣的結果,就是讓自己的企業,跟不上景氣,甚至跟不上同業的腳步。但是企業追求的目標,通常是永續經營與獲利極大化。所以,當企業錯失景氣良機之後,該怎麼辦?

當然就是趕工,跟上景氣的腳步、跟上同業的接單水準吧!說到要趕工,若設備、原料齊全,倒也還可以迅速反應過來,只要重新召回無薪假的員工,生產線開工即可。

但是,通常像這種錯估景氣的狀況,都是來自於企業上游所給予的訊息;也就是說,先是因為接不到訂單,才漸漸降低原料庫存;甚至放員工無薪假、裁員。所以,當企業錯估行情,通常也都是連產業上下游、周邊協力廠一起錯估行情。大家也都一致會降低庫存,減低成本壓力。所以,一旦上游接到新訂單,通常也都會是因為庫存減少的「急單」。

急單顧名思義,當然,也就是需要急著趕工出來的訂單。而且由於產業一律減少庫存的關係,一下子急單效應出現,上下游廠商大家同樣著急,大家都更急著找原料貨源。這下子,就有點兵荒馬亂了。第一是時間急迫,第二便是價格容易被拉升。

要人家出急單,自然在價格方面,沒辦法要求太低。否

則，價格太低，自然急不出來。這也就是產業常常會在景氣低迷時出現的「庫存回補商機」。

　　庫存回補商機未必就是景氣轉好的現象，不過，往往是景氣的先行指標。因為既然可以消化庫存的話，那就表示終極消費端需求並未減少。所以庫存消化完畢了，自然要趕快回補庫存。

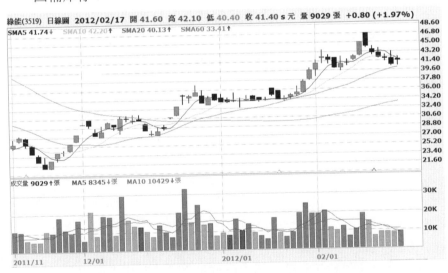

　　上圖為太陽能多晶矽廠綠能（3519）的2012年初股價走勢圖，由於前一年歐洲市場補助政策的不確定性，讓太陽能廠都不敢增加庫存，也讓光電產業上游的多晶矽廠由年初的大賺變成大虧。但庫存總有消化的一天，到了2012年，由於世界各大太陽能廠的庫存過低，許多太陽能廠廠紛紛下訂，

台廠從晶圓廠、電池廠到模組廠都有不少的急單湧現，拉貨的動能在春節過後持續出現。這樣的現象，就讓還在處於大虧狀況的綠能，股價從21.5元開始起漲，在2個多月的時間內，就上漲至46.8元，短短2.5個月時間，股價就翻揚了1.2倍之多。

回補庫存商機，通常都容易存在於產業競爭高的行業當中，像DRAM、Flash、光電、晶圓代工等產業，屬於產業鏈上游的製造廠商。因為下游不看好景氣時會減少訂單，但是觀望過久，一旦庫存快要見底時，若又出現買氣急拉的現象，廠商往往反應不過來，只好向上游下「庫存回補」的急單。這現象往往都只會發生在景氣低迷時。

所以，若要鎖定庫存回補訂單的商機的話。筆者有個絕招，可以傳授給讀者，那就是勤於觀察法人買超前30名個股。通常法人勤於拜訪上市公司，對於上市公司的急單效應較為敏感，若發現有某家外資還是投信持續買超「某種」景氣低迷產業類股的話，那大概就是那產業已經出現庫存回補的急單效應。跟著那家外資貨投信買進，大致上不會吃虧。

反正該類股股價通常都已經跌深，籌碼很乾淨，甚至，有利空也不怎麼跌，在那時候買超，不會吃虧太多。所以，當時買進該族群，就成了進可攻、退守可的策略，要損失很難，要賺一波卻很容易。

低價品商機

我們在宅經濟商機那篇知道了，消費者對於價錢的觀點，同樣產品絕對是價格越低越好。

因為人總是有「貪便宜」與「怕吃虧」的心理，貪便宜自然是越低越好，怕吃虧則是怕買到同樣商品，價格卻比別人貴。若是買貴了！就算是只是貴一點價錢而已，也感覺自己好像是個冤大頭。

這點我們在股票的買賣例子上，看的最清楚。若同樣一張台灣50（0050）的股票，自己買時是52元，若聽到別人是買48元，就會覺得自己好像笨瓜一樣，怎麼買的比別人貴。但是若又聽到另一個人是買55元時，又會突然覺得，自己突然好像佔到便宜。

相同的感覺，在實體的產品就更明顯，這點我們在台灣街頭巷弄裡，到處有所謂的「十元商店」就知道便宜的利害所在。十元商店賣的是大約都是十元，或者以十元起跳的小日用商品。很多時候，我們或許只需要一件商品，但是我們進入十元商店之後，卻常常被那裡的琳瑯滿目的十元商品給吸引。最後，當我們走出來的時候，往往不知不覺的就買了一大包的「十元商品」，可見便宜的商機是多麼驚人，會使人不自覺的消費起來。

另外，我們也可以從中國山寨手機、小米機的崛起，看

到低價品的偉大商機。山寨手機對應的是當時的2G手機,
山寨機也稱為白牌手機,它的優勢就是功能齊全,然後價格
卻相對低廉許多。這等於是手機的十元商品。對於不太在乎
手機名牌的人而言,是有很大的吸引力,不僅是中國當地人
為之風靡,連全世界的人也爭相購買。

　　筆者的朋友,就有許多人當時從中國旅遊回來,便順帶
回來好幾支山寨手機。因為完全被它的功能與價格給吸引住
了,觀光之餘,不禁也買了好幾支。

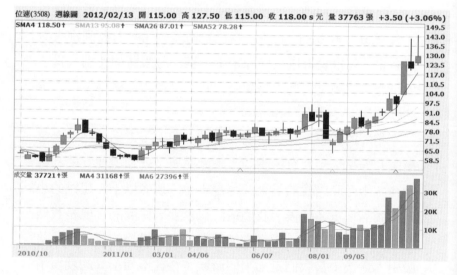

　　上圖就是幾乎專接宏達電手機塑膠外殼的鴻海集團子公
司-位速(3508)之股價走勢圖。位速承襲了鴻海集團的接
單慣性,一向以低價組裝取勝。由於低價手機風行,位速

的塑膠機殼產能，幾乎都包辦了宏達電的低價手機機殼的部分，對於位速而言，當然是天大的好消息。由於低價的商機，也讓位速股價在短短一個月之內，從64元上漲到144元，股價漲了1.25倍之多。原因就是因為宏達電也切入低價手機的領域之故。

小米機對應的則是3G手機，相對於宏達電、蘋果、三星等大廠的當紅手機，動輒在2～3萬元的價位。小米機在台銷售卻僅只要7000元的價位，幾乎是三大廠的1/3～1/4價格而已。而且在功能上，比宏達電、蘋果、三星等大廠手機同款手機還要再強一些。

這同樣也會掀起一波3G手機低價風潮，這風潮也會如同山寨機一樣的走紅於全球。

低價才是王道，雖然低價代表的是毛利率降低。但是，我們在貨幣貶值商機該篇中，已先揭露過台灣廠商在iPad產品利潤結構中僅賺約2%、iPhone更低到0.5%而已。但是廠商照樣為這樣的低毛利訂單搶的你死我活。原因無它，就是因為蘋果的訂單大，縱使毛利低，量大起來，照樣還是很有賺頭。廠商搶低毛利率但量大訂單，這等於也是低價商機的延伸，事實證明，鴻海靠吃蘋果單，股價還不是照樣能漲翻天。

投資低價商機，是一項很符合人性的題材，而這題材

永遠不會被市場嫌「老掉牙」。正因為它就是消費的王道。
投資人若想投資低價商機，就必須要常常觀察自身周遭的商
品，哪些是屬於高價品，而對應它的低價商品出現了沒！若
還沒，就可以鎖定「低價品」的出現，低價品一出現，往往
也就是大商機的出現！

高價品商機

有低價商機，自然也會有高價品商機。通常任何一種新產品推出，都是屬於高價品。沒有廠商會笨在新產品一推出時，就先降低毛利率以低價出售，除非它是個不成熟商品。通常一種新產品，甚至包括不成熟商品，只要它是市場獨特性的產品，都會先以高價出售，除非競爭者出現，以競爭價格、以更好的品質競爭。否則，高價品會持續維持一段時間，想買來使用該產品的人，因為別無分店，也只能乖乖的去買高價品。

高價品不同於低價品的競爭策略，它是走「獨特性」與「需求性」。要吸引的客群，自然也是他們鎖定的獨特性與需求性的客群。

我們舉例來說，例如改裝車子，通常新車一買來就可以在馬路上行駛。但是有一些人，就是想要把自己的車子改裝一些特殊的功能，以符合自己的需求，所以，改裝車一定有其市場需求存在，而且由於改裝車是寡眾市場，所以，改裝車用的零件、服務，就一定會走高價品路線，原因也就是會改裝車的服務與零件不多，自然能收取高價。

又例如我們上篇低價品商機中提過的3G三大手機廠宏達電、蘋果、三星。他們所賣的3G手機，每款在剛出售時，都不會走低價位，都是走高價路線，而且也都熱賣。原

因也很簡單，就是因為他們三家的手機，能夠有自己的獨特性與使用的某種功能性，需要這樣功能的手機用戶，自然只能向他們購買。而蘋果公司之iPhone手機更是自己創造出一種蘋果手機文化，讓蘋果迷為之瘋狂，蘋果迷自然更加樂意掏出口袋裡的錢，去購買iPhone手機。

高價品商機更見於品牌服飾、汽車、生活用品等等，在我們周遭的商品，像LV皮包、BMW汽車等等。我們更可以說，若是該行業的佼佼者，都會是該行業的高價品業者。因為他們的商品品質比其他同業要好，自然出售價錢也會高於一般同款的價格。而消費者為了享受那樣的品質，自然得付出比一般同款還貴的價格。

這就是高價商機，筆者就認識一些住豪宅的投資人，有些豪宅投資人只會買高價股來投資，絕不買低價股投資，問他為何？答案很簡單，因為他就是認為買高價股如同是住最好的房子一般，是最安穩、獲利高的投資。

這也是正確的投資觀念。因為豪宅之所以能成為豪宅，就在於它的地段、建築等條件，有其獨特性，是其他大樓無法比擬的；而高價股之所以能成為高價股，自然也是有公司自己的獲利訣竅。

有時候與其等待低價股轉型成功，還不如投資高價股來的實在，因為高價股公司它就是能讓投資人檢驗它每個月的獲利能力，自然能獲得投資人的信任感。就像2011年時的宏

達電、大立光等公司，每個月拿出來的營業額，都是令投資人驚喜屢屢創新高，當然可以成為當時的三千金股。

投資高價品商機的秘訣，就像是投資高價股一樣。高價品的品質一定是要勝過其他同業產品、高價股公司之獲利能力，一定要比其他同業要亮麗。若沒有掌握以上的原則，高價品品質若只是一般而已，不知高價在何處？投資它就非常危險了！

投資高價股的投資時機也很重要，通常必須要趁低價時買入，這樣才能買到低點。然後，相信它的品質，一定會被世人給再度喜歡。若連自己都沒法相信它的品質會勝過同業，就不用投資進去了，因為它的高價光環，已經被你給鄙視了，它在你眼裡就已經不是高價品了，自然也沒有高價品商機了。

綠色能源商機

我們在燃料能源商機該篇中，已經說過近代的文明是靠石油興起的「石油文明」，人類未來還是脫離不了依賴石油以發展經濟。不過，降低對於石油的依賴性，尋找替代能源，也將是未來人類無法避免的挑戰，那怕是只減少對於石油能源1%～2%的依賴，也是長足的進步。

如果這替代能源，又是無污染的綠色能源的話，將更受全人類的歡迎，甚至，是全球所有生物的歡迎。因為人類污染地球的速度，已經遠遠超過地球所能消化的速度。所以，若再持續污染下去，恐怕未來人類將會被自己的汙染反噬，這絕非人類與地球願意看到的結果。

替代石油的綠色能源尋找，一定是未來人類必走的路，否則，人類將面臨亡族亡種的命運。對於人類必走的路線，這商機還會小嗎？當然是無比的大，任何的議題與尋找替代性能源比較起來，簡直都是微不足道的小事！這商機自然也是無限大，有人從風力發電著手、有人從太陽能著手、也有人從潮汐著手、也有人從分解水成氫能源著手，更有人從月球所蘊含的另類能源著手，更有人鎖定地球深海處的「可燃冰」（甲莞水合物）能源著手。

以上這些能源，都有機會成為繼石油之後的新能源，千萬不要以為是不可能，人類在未利用石油能源之前，也是使

用煤碳了幾千年。但在獲得石油的便利性之後，這才改利用石油。可見未來人們只要找到下一檔能源之後，人類也一定會馬上改變使用石油能源的習慣。就像美國的航空母艦，早已經利用「核能源」當成動力，一連行駛在海上數月，無須再補給能源。唯一缺點便是核能源有危險性，不適合綠色能源要求。

綠色能源商機，絕對是未來人類社會中最大的商機，就像目前太陽能產業蓬勃發展一樣，雖然光能轉為電能的效果，還只僅在2～4%之間。但是，只要有點可行性，人類都想迫不及待的去嘗試。就算縱然知道效能不好的太陽能，也照樣有一堆廠商投入研究，讓光電族群已經超越PC產業，成為台灣電子業中的最大族群。

未來，若真有一項值得開發的綠色新能源出現，全人類將傾自身最大財力去開發。屆時，請趕快去投資它吧，因為那個商機，或許在我們一生當中，是僅有一次的最大一項商機！

節能省電商機

在未能找到真正能替代石油的新能源之前，我們人類所能做的，大概也就是盡量減少使用能源，並且在使用時減少浪費。這不是用得起、用不起的問題，而是只要身為現代人，便有義務減少能源浪費，減少污染，把乾淨的地球交給下一代。

未來的能源價格，絕對只會越來越貴，不會越來越便宜。所以，能減少一點是一點。

在這樣的共識之下，若有一項產品，能同時減少能源使用，並且也可以達到原本目的，一定會受到人類的喜愛。例如LED照明的發明，就是在節省電力之下，並達到同樣的照明亮度。

一般而言，LED照明燈要比相同亮度的白熾燈，要節省3/4以上的電力。所以，各地政府紛紛倡導使用LED燈泡代替白熾燈泡，現在馬路上的交通標誌，也紛紛改裝成LED燈泡。台灣政府也明訂在2012年開始商家禁售白熾燈泡。

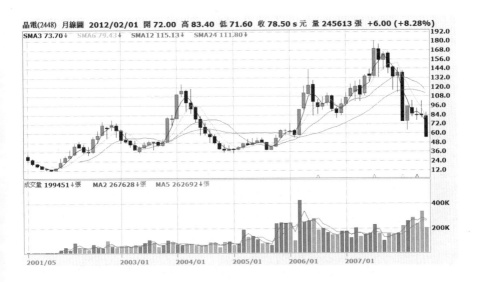

晶電(2448)　月線圖　2012/02/01　開 72.00　高 83.40　低 71.60　收 78.50 s 元　量 245613 張　+6.00 (+8.28%)

上圖為LED的上游磊晶廠——晶電（2448），晶電由於切入LED的上游磊晶，雖然營收一直不理想。但是股價卻能一直能保持高本益比，應該歸功於投資人對於LED產業的期待，從上圖我們就可以看到，晶電股價最低時在12元，經過七年時間，卻可以翻倍至180元，股價整整相差15倍之多。所以與其找好公司，還不如找好行業，來得吃香！

節能省電商機早在數年之前就已展開了，並非目前才開始火熱。像台灣億光、燦圓等LED廠，也早就在數年之前，股價便風光過一陣子，目前LED族群也已經成為電子業中的大族群。

　　但是，節能省電商機就只有LED產業而已嗎？當然不是！若節能省電商機只限於LED產業，那麼視野也太過狹隘了。雖然LED應用已經擴及照明、電視、手機等等產業。

　　但那只能算是在照明方面的節能省電，還是有很多的節能省電議題可以發揮，像是減少電力傳輸時的浪費，或者節省動力能源的耗損（像近期各大車廠，紛紛推出油電混合車，其中又以豐田汽車發展的最好）、或者改用其他較低廉能源等等，都是節能省電的表現方式。LED的使用，只能說是減少照明用電而已，至於減少其他領域的用電量，人類還有很大的努力空間。

　　我們從LED產業的蓬勃興起，看到LED族群曾經數次風光的佔有台北股市的大部分成交值，股價也屢屢創新高，就知道節能省電商機有多麼廣大。我們又從近期各大車廠（例如TOYOTA、朋馳、BMW等）紛紛推出節能的油電混合車，很受到使用者歡迎來看，只要能節省能源，都會很受使用者喜歡，自然有投資價值。

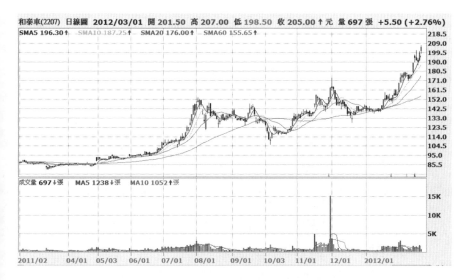

　　代理豐田汽車之和泰車（2207）在2012年豐田汽車主力
車款CAMRY也出現油電混合車之後，股價持續向上攀升，
與一年前的85元股價相比較，簡直就像是兩家不同公司！這
便是節能省電的明顯商機。

　　下一個成熟的節省能源產業，會在哪裡出現呢？筆者也
很期待，當它出現時，請別猶豫，絕對是一個投資良機，因
為節省能源對於現在人而言，已經算是一種常識與共識，有
了它明天絕對會更好！

太陽能商機

太陽能算是目前綠色能源中，發展最成功、最迅速的產業，甚至太陽能產業，還有自己的專屬名稱，市場稱之為「光電產業」，是用光來發電的產業。太陽能之所以會發展這麼迅速，得歸功於各國政府的大力補貼。像歐洲各國、美國加州等地區，都曾經對於居民安裝太陽能裝置，加以政策性的補助。甚至，德國還明令禁止沒有安裝太陽能的房屋出售。這樣的如火如荼的政策性推動，才讓歐洲民眾大力的安裝太陽能。

再加上，太陽能一開始是利用「矽晶」當作光電轉換的導體，這與電子業的上游原料部分重疊，等於若能進入電子業門檻的電子公司，也就能進入太陽能的門檻，兩者轉換不算太難。

電子業與光電產業兩者的結合，才讓太陽能發展勝過比任何綠色產能發展的還要更為迅速。現在的光電產業，已經茁壯成為台灣電子產業中的最龐大族群。若以單一族群而言，沒有一個電子族群的上市櫃公司，勝過太陽能光電族群。

但是，也因為太多公司卡位太陽能產業，讓太陽能供應量，一下子就遠遠超過需求，於是也讓太陽能族群吃盡苦頭。不只台灣廠商在瘋太陽能，全球各大廠商也同時看到太陽能產業商機，於是美洲、亞洲、歐洲等國家，紛紛蓋起太

陽能廠。光電產業同時蓬勃興起，也讓同業迅速嚐到「一窩蜂」的惡果。太陽能從上游到下游報價持續下滑，而且下滑的速度非常驚人。驚人到，在2011年時，台灣有家太陽能上游之多晶矽廠，原本預估公司財測當年可以獲利EPS22元的，後來在當年第四季再預估財測時，EPS卻變成負12元，大賺變大虧，讓當年初因為看好而投資的人，在年末時情何以堪的大罵該公司董事長「騙子」！

上圖為太陽能模組廠商昱晶光電（3514）股價走勢圖，昱晶的股價是近年來，太陽股價的代表走勢圖。近年的太陽能產業都是上市時一頭熱，股價衝到最高點。然後股價一路下滑。不過每年都會有一些小反彈出現。因為投資人還是很期待，太陽能產業最後能開花結果，成為真正的替代能源，

並且成為能賺錢的產業。

　既然是大虧，市場又生產過剩，這樣還能有「太陽能商機」嗎？當然有的！

　太陽能的大起大落，很像2000年的網路泡沫。當年大家也一致看好網路市場興起的商機，於是紛紛投入網路開店，有人模仿亞馬遜網路書店的做法，也有人開網路虛擬商店，各種各樣的模式都有人嘗試。但是，當2000年時網路泡沫一來，很多禁不起衝擊的公司便紛紛倒閉，網路商店最後只剩下一～二成商店苦撐。後來，這一～二成商店，轉型的轉型，改變策略的改變策略，終於渡過泡沫過後的黑暗期，而這一～二成商店終於也在黑暗期時，抓到網路商機的真正重點（PS1）。最後，這一～二成商店終於也在近年，嚐到當年預期的甜美果實。

　目前太陽能產業，也很像當時2000年的網路泡沫，也是眾人看好，但是由於卡位者眾多，免不了會有削價競爭的存在。而且大家的產品性質同質性太高，都是矽晶體→光電板→組裝模組等這三大流程中設廠，用心一點的廠商，最多只是在三項中稍微改良一下產品而已。消費者真正能選擇的光電產品項目實在有限，消費者的需求根本就沒有人去深入探討。目前廠商大家都只在產能上拼命擴充，卻忘記真正使用者的想法。再加上，光電轉換的比例實在太低，很難達到經

濟效益，要不是各國政府大力補貼，根本不會有需求興起。

目前將是太陽能產業的黑暗期，在黑暗期時，業者才能看到遠方的亮光，才能探尋出消費者的真正需求。或許，消費者需要轉換效能達到50～60％時的設備，或許，消費者要輕薄易攜帶的裝備，亦或許……，有太多的需求可能性，需要業者真正解決；絕不是像現在一樣，業者一窩蜂地拿不成熟的產品，卻硬要消費者買單。

消費者才真正是精打細算的使用者，當初歐洲要不是政府補助與法令限制，消費者才懶得裝設太陽能設備。一旦誘因消除了，消費者當然就不吃這一套了。

不過，人類是無比聰明的，有這麼多的人才在光電產業中從事研究，總會解決問題的，期許光電業中也能出現一個「賈伯斯」，領導光電產業革命，當太陽能產業出現革命性突破之後，就會像手機中的iPhone一樣，用觸控革命性來改變市場需求。那時候的太陽能商機，就會空前的開闊，我們且拭目以待未來太陽能的真正商機吧！

PS1：網路商機的真正重點，就在於訂購、付款、取貨、退貨一路順暢。其中若有些耽擱，就無法與實體商店競爭。於是後來網路商家成功的結合「網路訂購、電子商務、電子金融、便利商店、送貨到府」等幾項流程，這才讓消費者開始喜歡網路購物！

水資源商機

延續著前篇地球人口暴增、能源枯竭的議題，人類除了要面對尋找替代能源之外，影響人類生活最迅速的，莫過於環境的改變。由於石化燃料的大量使用，造成地球溫室效應，也造成地球各地的氣候驟變。原本下雨的地方，變成不下雨，原本下小雨的地方，卻變成下大雨、豪雨，造成各地出旱災、水災頻傳。

例如2010年春天，中國西南方數月不下雨，耕地、水庫都已經荒廢成沙漠、2011年末泰國南部卻出現連日大雨，湄公河氾濫成災，水災蔓延數省，積水更是數月不退。

環境變遷帶給人類的，不只是水、旱災而已，還有我們飲水、用水也在日益減少中；再加上，原本清晰見底的河水，被工業汙染成臭水溝；人類能夠飲用、使用的水，也越來越少。乾淨的水，原本是地球上最常見的天然物質，隨處可見，現在卻變成一項不可多得的「資源」，實在令人心痛。但心痛無法解決事情，能解決問題的，就是捍衛用水的安全與衛生，我們就稱之為「水資源」大作戰吧！

將來水資源的問題，將會越來越嚴重。因為人類持續發展工業，亦將會持續污染環境。現在的世界工廠──中國，已經有很多人開始覺醒，發現經濟成長的背後，竟然要犧牲整體的生活環境；獲得世界工廠的美名背後，居然要讓後代

子子孫孫，都活在高污染的環境當中。這樣的作法與犧牲是對的嗎？

當然是錯的！不過，趨勢不會一下子扭轉過來，人類只能逐漸的改善環境，並且從保護環境著手。首要之務，就是保護飲水與用水的安全衛生，「水資源」的概念於是在近年來開始崛起。人類將珍惜水資源，並且運輸水資源到需要的地方；這樣也就形成的「水資源商機」。

水資源商機可分為多個部份，如保護乾淨的水源、提升水的乾淨度、供給乾淨的用水、污水處理、運輸水源等部份。這些都需要大量的科技改良與建設，也等於是有大量的商機出現。例如中國在2010年時，由於新疆區缺水嚴重，於是埋設管道，要將水源引至新疆地區。台灣剛好有家設備廠——國統分公司接獲該案埋設管線工程。隔年2011年台灣母公司提列收益，就高達EPS22元以上。

而且大陸在2012年發布《加快推進農業科技供給保障》文件中，更強調農田水利建設方面仍不會放緩。2012年在水利建設投資將持續增加，預計未來年均投資將達4000億元人民幣。中國在2011年水利建設的總投資完成了3400多億元，也是歷史最高水準，未來的投資仍會繼續增加。所以，國統的機會可不會只有一次而已，而是起碼有十年商機。

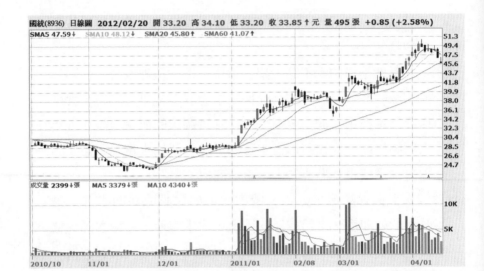

國統(8936) 日線圖 2012/02/20 開 33.20 高 34.10 低 33.20 收 33.85↑元 量 495 張 +0.85 (+2.58%)

SMA5 47.59↓   SMA10 48.12↓   SMA20 45.80↑   SMA60 41.07↑

成交量 2399↓張   MA5 3379↓張   MA10 4340↓張

　　上圖為水資源受益最深的代表公司──國統（8936），
在投資人未得知分公司收益之前，公司股價還在26元附近整
理，甚至，最低點拉到24.3元，但是進入2011年後，市場漸
漸傳出，子公司新疆國統將挹注業外收益，股價便開始上
漲，最高上漲至50.7元，較最低點，足足漲了一倍餘！

　　又例如到處有工業廢水，污水處理便成為不可或缺的工
作，對於處理污水的廠商，也是持續性的利多。目前甚至還
有台鹽公司將深層海水提煉成飲用水高價出售，這也算是水
資源的潛在商機。

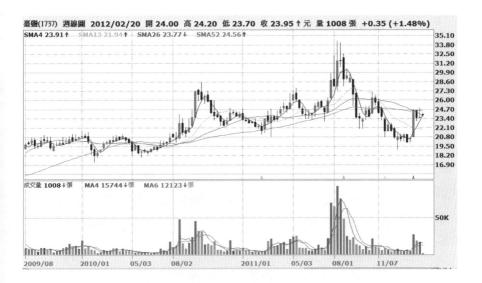

臺鹽(1737) 週線圖 2012/02/20 開 24.00 高 24.20 低 23.70 收 23.95↑元 量 1008 張 +0.35 (+1.48%)
SMA4 23.91↑ SMA13 21.94↑ SMA26 23.77↓ SMA52 24.56↑

成交量 1008↓張 MA4 15744↓張 MA6 12123↓張

　　上圖為開發海洋深層水的臺鹽（1737），股價原本在20元以下游走，但自從開發水資源之後，公司股價漸漸受到投資人喜愛，雖然水資源的營收，並未明顯把注公司收益。但股價卻一度拉升至34元以上，漲幅也高達70％。

　　水資源的商機利益有多大呢？我們只能說水資源商機可不止目前這幾項而已，未來還有數不完的商機將會出現。只要有汙染存在的一天，就有水資源商機存在的一天！而且這是一種造福人類的事蹟，可以給後代子孫憑弔前人努力的事蹟，既是商機，更是福報！當然值得投資！

人性化操控商機

以往的機械講究耐用性，一個機械可以用幾十年而不壞。現在的機械則不以耐用為第一考量，最先講究的是操控性。讓操控變的更便利，是讓機械品快速的世代交替的主因，人們總喜歡好操控的機械，勝於難控制的機械。

例如小到一個鬧鐘，人們當然喜歡在鬧鐘響時，能快速找到可以制止鈴聲的鍵盤，若睡夢中被鬧鐘吵醒，還要花時間找哪顆按鍵才是停止鍵，可真要讓人「抓狂」。所以，現在的鬧鐘都把按掉鈴聲的按鍵，設計在鬧鐘的最上方，而且加大、再加大；讓人閉著眼睛都能快速按到按鍵。

又例如洗衣機，剛開始的洗衣機，都是雙槽式洗衣機，也就是洗衣與脫水分離。但是這樣的設計，由於還要人工操作，使用上還是略嫌不便。現在的洗衣機，則已經進步到一個按鍵就搞定一切，甚至包括烘乾衣物。髒的衣物丟進洗衣機，按個按鈕，再拿出來時，已經是乾淨、乾燥的衣服了，自然會讓人喜愛！

以往一款機器出來之後，大都是人去學習如何使用該機器，像汽車、耕耘機、打字機、電腦等，都是人要花費一段時間學習使用方法之後，才能漸漸上手。但是機器在持續世代更新之後，漸漸地開始重視操作者的便利性，不但待機時間要短，操作者使用的切身感受，更是機械廠商最高的要

求，最後很多種機械都能達到人機合一的境界；這便是機械的世代交替，也是機械走向人性化的操控的趨勢。

例如現在的汽車，講究的是電腦化控制，一些精細的操控，都交由電腦替你把關，操作者只需專心開車、注意路況即可。甚至，有些歐洲車款都已經設計到，可以幫駕駛路邊停車、倒車入庫等，也可以自動判別路上是否有行人、障礙物，而主動替駕駛緊急煞車，甚至，還會判斷開車者是否疲勞駕駛、酒駕等動作出現。

而裕隆的自有品牌luxgen首款汽車也是打著智慧科技車，幫開車者注意行車安全與舒適的小細節，開車者只需專心開車，這樣的方便車款，果然一到中國便熱賣，原因就在於愈能人性化的機械，越能擄獲現在使用者的心。

人性化的要求可以說是一種天性，人類喜歡改造環境，讓自己舒適。所以，人性化商機並未結束，只要有人的地方，就會有人性化的要求。投資人性化商機，可說是很符合人性要求。像現在的電視、手機，甚至遊戲機等操作越來越容易，也越來越受使用者喜歡，就是廠商能掌握人性化的要求，不斷推出能更加符合人性化要求的商品，自然能一代一代的更新產品，讓商機從零變成無限大！而每次的更新，也就造就新一批商機出來。

若投資人對於人性化商機有興趣追蹤，就可以觀察日常生活當中，有哪些商品具有人性化的趨勢傾向，找出來之

後，注意一下它下一批產品的時間點，先卡位便可先獲利，
不用猶豫，因為人性化趨勢絕對是不會改變的。

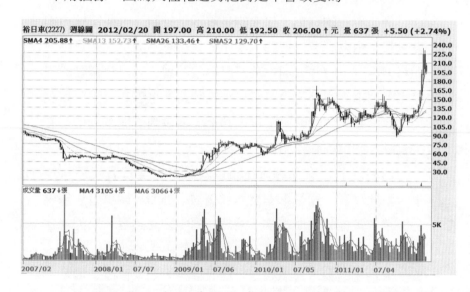

上圖就是生產智慧科技車luxgen汽車——裕日車
（2227）股價走勢，公司剛成立時股價一度拉到22元價格，
但是隨著推出智慧科技車luxgen汽車之後，公司股價逐漸攀
升，在短短三年之間股價竟然來到225元以上，漲幅高達10
倍之多，令人咋舌！

電腦演化商機

現在的人類生活，有人說是第三波革命。第一波是人類發明輪子，第二波則是發明蒸汽機，第三波則是發明電腦。的確發明電腦，讓人類的生活大幅的躍升。

早期的電腦運算速度，從每秒只有二、四位元（bytes）、16位元等一直改良至今，目前已經達到以GB為運算單位，1GB是原先bytes的多少倍呢？我們這邊有個換算單位：1GB＝1,024 MB＝1,048,576 KB＝1,073,741,824 bytes，沒有看錯，就10兆倍以上。天呀！真是變化快速，電腦演化的速度感覺比光速還快。不過，未來還會繼續演進，電腦的演化，好像永無止境。

而且一開始電腦是一台又大又笨重的機器，能從事的運算也不多。現在的電腦體積又小，功能又強，光是目前大家人手一支的智慧手機，都是以往像大樓一樣高的超級電腦了！

正因為電腦具有無限演化功能，所以，人類在運算、資訊上也越來越依賴電腦。現在人類周遭已經不能沒有電腦的支援，否則，大概會走到寸步難行、三餐不繼的地步。

電腦甚至讓全世界的資訊整合起來，以往我們作夢都想不到的景色、資訊，現在一開電腦、一連網路，真的是天涯若比鄰，未來世界還會更依賴電腦，所以，電腦的演化也將持續進行。

現代的文明，可以說是完全依靠電腦發展出來的，電腦業也造就了台灣的現代經濟，台灣早期從竹科園區開始生產電腦，供給70％的全球電腦。從而發展出自己的經濟規模。至今，電腦已經普及在全世界各角落，其中造就出多少商機？也讓台灣從一個赤貧的地區，翻身成為「台灣錢淹腳目」，這都要歸功於電腦業的不斷更新演化之功。

若電腦演化速度不夠快，那麼，台灣目前的經濟就不會這麼蓬勃發展。而這樣快速的電腦演化速度，未來仍將持續，既然以往可以造就那麼多的商機出來，未來仍將會有大量商機被造就出來！

若講究投資商機，千萬別把目光從電腦演化的領域移開。其他的商機，或許很吸引人；但是，對於台灣人而言，最切身能參與世界經濟的，仍莫過於是電腦業。就像目前台灣的股市，電子業成交值往往佔了總成交值的60～80％。所以，台灣股市也可以說是電腦股市，大部分投資人都在這裡買賣電腦公司的持股。

而要投資電腦業的核心價值在哪裡呢？就在於「演化」二字，很多人投資電腦產業，會用傳產業的角度去看待，以為越老公司越值得投資，這是錯的！在一開頭時，我們就說過，電腦的特色，就是演化速度比光速還快。所以投資電腦，就要投資它的「演化」，而不是投資它的穩健！因為現在的電腦產業發展快速，電子廠若2～3年不更新設備，可能

就沒辦法再接新訂單了，所以，穩健二字對於電腦業而言，是無用的。未來的電腦將要求更小、更快，自然也需要更新的設備才能配合生產出來！能「演化」的公司，才是值得投資的公司！

　　自然，以投資的角度而言，也只有不斷「演化」的電腦、電子公司才值得投資，若太過老態龍鍾、或太過保守的公司，當然會被電腦演化的速度給趕過去。所以，記得！投資目前成交值60-80％電腦產業時，千萬別跟隨別人起鬨，一窩蜂投資一些不夠先進的穩健電子公司，應該找尋可以踩在流行浪頭之前的公司，而不是投資正在苦苦追趕別人的公司。這才是投資電子、電腦業的真義！

生技商機

近期國內的集團，都有志一同地看好生物科技，紛紛投入生技產業領域。這乃是因為醫學進步、生物科技領域的商機越來越大。地球人口快速增加，導致用藥需求也跟著增加，根據 IMS 預估，2010 年全球藥品市場規模約8,560 萬元，預估2015年將成長至1 兆美元以上。

台灣地區以原料藥為成長最快速的區塊，根據生物技術中心的統計，2010年台灣藥品市場產值為6.4億元，其中，原料藥產值約1.6億元，年成長達27%，

股神巴菲特也在2006年開始投資生技股，分別選擇全球醫材龍頭J&J及法國最大製藥商賽諾菲·安萬特（Sanofi-Aventis），2010年第二季還大舉加碼J&J，最近雖減持J&J部位，卻新增全美最大腎臟透析服務提供商DaVita，雖持股部位不過2億美元上下，不過至少得符合巴菲特財務指標的過濾，才可能列入持股，由此看來，生技產業已經是叫好又叫座了，有穩定的現金流及股東權益報酬率才能讓股神點頭。

原料藥之所以會在台灣快速成長，原因乃是許多原本有專利之藥，近年來陸續到期，變成一般之學名藥。任何有執照之廠商，皆可根據配方自行研發，使學名藥市場將快速成長。

另外，多數學名藥廠原先的生產模式多為自行研發的一

條龍模式，隨藥品開發困難性的增高，成本增加下，原料藥廠目前積極委外尋求合作夥伴。由於台灣原料藥廠規格符合國際標準且研發能力上優於其他國廠商，故在爭取外購訂單上具有優勢，因此隨學名藥市場成長與原料藥委外比重的增加，將使台灣原料藥廠業績穩健向上。

台灣在原料藥廠商方面，近期有持續的擴產計畫，有神隆擴增台灣廠產線，中國常熟廠一、二廠也於2011～2012年完工；台耀新廠於2012第三季投產，擴充降膽固醇及磷酸鹽吸收劑產能；中化生新廠預計2012完成，生產免疫抑制劑及肌肉鬆弛劑MCB的新劑型。是較積極的原料藥廠。

根據 IMS 統計，2015年以前的十大主流藥品種類為腫瘤、抗糖尿病、呼吸系統、脂質調整、活化血管收縮、自我免疫、HIV抗病毒藥、安定藥、抗凝血、潰瘍藥等共約有10億美金，故投資生技商機，應以生產上述十大類藥品的廠商為主，才是正確的生技商機。

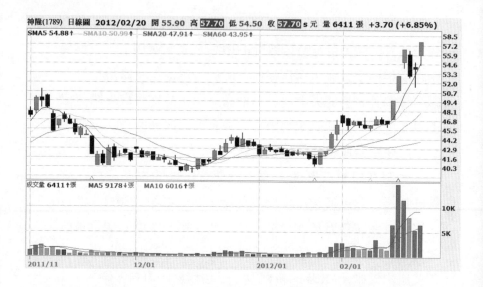

　　上圖為2011年底上市的原料藥龍頭廠商——神隆
（1789），在亞洲除日本之外，唯一有能力提供新藥原料藥
的廠商，在產業地位上有極佳的競爭優勢，每年平均有3～5
項產品上市。專攻高單價產品，生產高活性、具毒性、高純
度的原料藥。公司為全球癌症針劑用原料藥的領導廠，全球
前十大學名藥廠均為其客戶，公司前五大產品（2011營收
佔比近七成）於全球市場皆佔有高市佔率，公司2011年第四
季毛利率高達50％。股價在2012年開始表現，股價當時持續
創新高中。

醫美商機

醫療美容近期在全球逐漸盛行起來，原本「醫美」只是醫療中的美容整形之一部分。近年來，由於生活富裕，大家開始注重外表，醫療美容便成為最夯的行業。「醫美」不但在台灣盛行，在國際上也同樣盛行，尤其是鄰近的韓國更以此為號召，號召觀光客到該國去觀光順便美容變漂亮，吸引力頗大。

國內醫療機構也跟著效仿，有些醫院、中小型診所也開始推出觀光美容的時程。亞洲醫美市場方面，包括南韓、中國、台灣、澳洲及印度，從2009～2014年，醫美產業年複合成長率都超過12％，其中台灣人均收入與南韓相當，但市場只有南韓的五分之一，顯示還有很大的成長空間。

醫學美容的項目琳瑯滿目，包括整形、微整形、抗老化、塑身減重，施打肉毒桿菌、 玻尿酸、微波拉皮、飛梭、雷射、超音波美白……等。

目前還沒有那家上市公司專職於醫美整形美容方面的工作，大都屬於中小家診所自行辦理，不過，趨勢已經形成，未來將持續火紅。

但是在材料供應方面，則有數家材料設備商屬於「醫美概念族群」，曜亞（4138）產品銷售結構以醫學美容設備佔41％、醫學美容耗材佔44％為主，目前兩大業務來源毛利率

都在35%左右，產品銷售以國內診所比重最高，超過九成。另一家醫美材料廠商為雙美（4728）產品為長效型膠原蛋白針劑、人工骨粉、植牙植體及器材代理等。

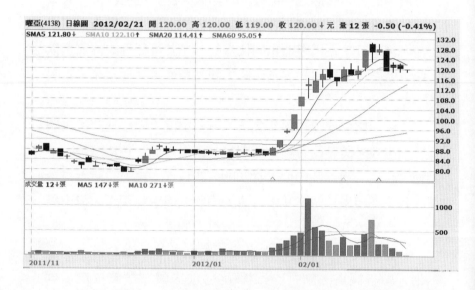

上圖為第一家醫美商機股——曜亞（4138）股價走勢圖，在2011年之前，市場較不熟悉這樣的醫美產業，股價成交值低，但到了2012年後，曜亞成交值漸漸增加，股價也跟著提升，市場已經漸漸看到醫美商機了。

　　屬於醫美概念股之雙美（4728）剛上櫃時，股價從27元開始上漲，短短二個月，股價已經一度快達到50元水準，漲幅接近一倍。

　　若以醫美方面的設備而言，設備趨於飽和，預估未來的成長率僅有5％，但是耗材是可以長久持續的營業項目，全球成長率超過20％，故耗材才是投資醫美生技商機的主要方向。

瘟疫商機

近期最有名的全球疫情首推SARS。SARS原名為嚴重急性呼吸道症候群（Severe Acute Respir-atory Syndrome, SARS）2002年11月從中國廣東爆發後，逐漸擴散到亞洲及其他地區。依據世界衛生組織（World Health Organization, WHO）統計，全球有7919人遭到感染，其中251人死亡。

台灣SARS疫情方面，台灣被感染人數僅次於中國、香港，位居世界第三，病例數676人，83例死亡案例。台灣是2003年3月真正感受到SARS的威力（相信大家都還記得每天上班量體溫及口罩的日子），當時的疫情的發展，已直接衝擊經濟活動，特別是空中運輸、旅行、旅館、餐飲、零售、醫療保健等服務業首當其衝，最為嚴重。當時疫情無法於短期內有效掌控，消費者與投資者信心都大幅滑落，也波及後續民間消費與投資之表現，而受害之產業也由服務業擴及至製造業，當時天天戴口罩、處處戴口罩，到各地都會被要求量耳溫，已經成為另一種全民運動。

當時台股在美國遭受到「911恐怖攻擊」之後，股市從10393點回檔至2001年的低點3411點。之後，2002年台股指數從3411反彈至7200點，但11月中國廣東SARS疫情傳出，香港SARS疫情也升溫，台股指數又再度滑落至4555點。不過，之後的走勢剛好相反，全球反而因為那次SARS疫情而

大洗盤，全球股市反而因為洗淨了籌碼，展開了一波為期四年的全球大多頭，台股也直攻九千餘點，從4555點，上攻至九千餘點，指數漲幅就高達一倍之多，那四年是投資的黃金時期，任何投資都能大獲利！

另外與SARS類似的疫情，則是2009年之H1N1疫情。根據世界衛生局統計，H1N1確診個案已達44萬人，死亡人數約為5,712人；台灣部分，死亡人數為26例。當時只有羅氏藥廠（Roche）的克流感（Tamiflu）及葛蘭素史克（GSK）的樂瑞沙（Relenza）兩項可治療。

此兩項藥品為H1N1 的主要治療藥物，受限於專利，本土藥廠不具兩項藥品生產資格。但政府啟動「強制授權」，台灣藥廠當時就有中化（1701）、永信（1716）、生達（1720）具備量產能力。政府委託其生產，直接於當地使用，這才壓制了H1N1的流行。

病疫概念股

口罩不織布	恆大（1325）、康那香（9919）、美德醫（9103）
醫療相關器材	遠見（3040）、百略（4103）、東洋（4105）
空氣清靜器	東貿（4104）
光觸媒空氣清淨器	台光（1601）
藥品	生達（1720）、杏輝（1734）晟德（4123）永日（4102）、東貿（4104）

殺菌清潔劑	毛寶（1732）、花仙子（1730）、美吾華（1731）、美克能（4703）
生技	中化（1701）、永信（1716）、生達（1720）、葡萄王（1707）、中華化（1727）、美德醫（9103）、雁博（4106）、優盛（4121）

　　通常流行性疾病或者瘟疫所造成的股市下跌，都屬於非系統性風險。也就是在金融體系外的事件，干擾到金融體系的運作。這種干擾由於是屬於非系統系內的變化，影響都不至於太大。通常都只是造成人心惶惶而已。

　　最有名的非系統性風險，屬於二次世界大戰，二次世界大戰縱使許多國家淪陷，未淪陷國家例如英國、美國股市仍照常開市，後來，美國經濟還因為二次世界大戰沒有在本土發生躲過一劫，仍處戰時，便已造成當時的投資大繁榮！

　　由於現在的醫學進步，再大的瘟疫流行，只要防疫得當，都很容易控制下來。但是，股市的持股通常都是脆弱的，一點點風吹草動，都會讓投資人拋售持股。那時候通常也是「瘟疫商機」浮現的時候，越大的瘟疫拋售的越乾淨，但是籌碼總是有人吸收的。越到後來，籌碼越拋售越低價，而且越乾淨。

　　股市講究的是「籌碼戰爭」，等到大家賣到沒有股票可賣時，籌碼便已經集中到某一定程度。屆時，股價要怎麼拉抬，都是很容易的事情，我們從第一部介紹過的主力操作手

法上，就可以看到端倪。

　　所以，下次當全球再有瘟疫產生時，請歡欣雷動的鼓掌歡迎吧！因為「瘟疫商機」又將再啟動了。越是大瘟疫，商機越是大！

中國醫療商機

通常市場說到中國大陸市場，一開始就會聯想到他們的廉價勞力，近期則會聯想到他們的龐大消費力。其實，除了以上二項之外，還有一項潛力頗大，那就是中國醫療市場商機。人總會生病，中國人照樣也會生病，而且由於中國的醫療較台灣落後，中國人的平均壽命，比台灣人大約還低一成左右。所以，對於中國人的健康而言，還有很大的改善空間。

台灣廠商若想切入中國醫療市場，以與中國方面同業合作較具有利基。目前已經有多家國內藥廠與對岸合作，如南光（1752）、安成合作癌症及精神科用藥，美時（1795）的腦瘤用藥等都已經切入中國藥廠、佳醫（4104）集團在中國佈局洗腎、醫美業務。F-康聯營運主體更是主要從事中國大陸境內藥品開發及銷售，營收比重中92％來自B型肝炎阿德福韋脂，在中國市占率超過兩成，排名第三。

另外值得注意的是，陸客來台除了觀光商機之外，現在更多包括醫療商機，由於台灣的醫療品質勝過中國，讓中國旅遊集團龍頭之一的康輝旅遊集團與台灣生醫及訊聯（1784）和鴻海（2317）合資的康聯攜手，力推台灣觀光健檢，安排來台觀光醫療套裝行程，康聯未來在陸客健檢的商機將持續成長。由於康輝集團在全中國擁有上千個據點，是

中國最具有影響力的旅遊集團之一。這樣的結合台灣生醫與旅遊，已形成一道完整的觀光健檢行程，未來或許也是很大的商機！

　　台灣生技醫療在中國發展，只要假以時日，肯定會得到像食品、通路、百貨、電子業等廠商一樣的巨大成果。有心投資中國市場的投資人，在已經錯過各大行業之後。目前最適合投資的產業，應該就是中國醫療這塊商機。

巴菲特商機

華倫‧巴菲特被投資人稱之為股神，不過這只是錯誤的
說法，因為巴菲特本身並不熱衷於股票操作，甚至他曾說：
「股票波段持股操作是神的事情，不是我能作的事情！」正
統的財經媒體尊稱他為「奧瑪哈的先知」、或「奧瑪哈的聖
人」（the "Oracle of Omaha" or the "Sage of Omaha"）。他
藉由價值型的投資，透過他在波克夏‧哈薩威公司的持股，
匯聚了非常龐大的財富。

目前巴菲特是波克夏公司的最大股東，並擔任主席及行
政總裁的職務。根據《富比士》雜誌公布的2010年度全球富
豪榜，他的淨資產價值為470億美元，僅次於卡洛斯‧斯利
姆‧埃盧和比爾‧蓋茲為全球第三。

巴菲特認為，買進一家公司的股票對他來說相當於投
資並參與該企業的經營，因為短期價差所帶來的資本利得通
常收穫不多且風險大，長期參與穩定成長的企業才是明智之
舉。所以對他來說，買進股票相當於經營一家企業，「敲進
哪一檔股票」，「以什麼價格買進」變成「哪一家企業投資
前景看好」和「如何以適當成本取得參與公司經營權」的問
題。

巴菲特最為人熟知的選股指標，就是利用股東權益報酬
率（ROE）指標來作篩選持股的依據。巴菲特真正選股原則

包括：

1. 大型股（每年淨利至少5000萬美元）。

2. 穩定的獲利能力（對未來計畫或具轉機性的公司沒興趣）。

3. 高RoE，低負債、良好的經營團隊 （波克夏公司不提供管理人員）。

4. 簡單的企業 （若牽涉太多高科技，會超出理解範圍）。

鎖定以上條件，就能為自己選出良好獲利的企業，並且安心的長期投資。

若以巴菲特的選股原則，套到台灣企業上面，可出線的企業應該有以下幾個實際的條件：過去五年高RoE、 寡占市場、具有企業知名品牌、高市佔率與多角化能力。若以公司而言，應該有台積電，台塑、南亞、統一超、裕隆、中鋼、中華電、鴻海、富邦金、台灣大等企業。這些企業若以長期投資而言，的確也能獲得像巴菲特要求的，平均一年起碼有18%的資本利得。

但是，投資人與其關心他的投資理念，或許更會關心他的投資標的，因為只要是他所選中的產業或公司，都能馬上大漲一番。例如巴菲特在美國發生911事件時，加碼買進麥當勞、可口可樂、金融股，在金融海嘯時買進中國比亞迪汽車，在2012年初時太陽能產業在最低迷時期，買進太陽能電

廠等,事後都證明他的看法正確。而且,巴菲特一買進的同時,該股股價馬上都漲翻天。

　　既然,這麼好用,我們為什麼不直接撿現成來用!巴菲特選股重視股東權益報酬率(ROE),所以,該公司不至於虧錢,該產業也一定有利潤可圖。所以,下次再聽說波克夏買進什麼產業時,就請跟著上車吧!畢竟,他已經研究過產業的長程獲利性了。若該公司在國外,我們也可以鎖定國內相關族群,跟著他聞雞起舞吧!

遊戲產業商機

遊戲產業原本只是給小孩子的娛樂玩具產業而已,算不上是什麼了不起的產業!但是自從電子遊戲產品攻佔了玩具產業之後,由於電子玩具推陳出新,遊戲更換快速,很能夠符合小孩子喜新厭舊的心理,電子遊戲產業慢慢已成為電子產業市場中,不可或缺的要角。

其中又以日本商的電子玩具,最令小朋友喜歡,經過激烈競爭之後,日本遊戲商SONY、任天堂兩家成為世界電子遊戲大廠。只要是兒童,大概都知道他們的產品例如:PS、PS2、PS3,Wii、瑪利歐等名稱。後來電腦軟體大廠——微軟眼看商機坐大,也宣布切入遊戲機領域,自行開發X-Box系列遊戲機,以微軟的軟體開發強大能力,也突破日機的封鎖,成功的佔領遊戲產業的一部份領域。

最後由以上三家廠商SONY、任天堂、微軟瓜分遊戲市場約有十年光景。遊戲從此已經不再是兒童的專利,成年人,甚至是老年人也樂此不疲。最主要的原因,就在於電子遊戲,不侷限遊戲種類都在兒童身上,也同時開發對成人有吸引力的遊戲,於是乎也成功吸引全年齡的人口參與電子遊戲。

遊戲軟體							
商品	買進	賣出	成交	漲跌	漲幅%	單量	總量
上曜	21.75	21.90	21.75=	▼0.10	-0.46	4	48
泰偉	53.2	53.4	53.4=	▲0.50	+0.95	3	160
網龍	122.0	122.5	122.0↓	▲1.00	+0.83	2	734
華義	25.85	25.90	25.90=	▲0.05	+0.19	3	1291
>>鈊象	213.0	214.0	213.5=	▲13.50	+6.75	2	732
宇峻	94.3	94.4	94.3=	▲2.80	+3.06	5	425
樂陞	70.1	70.8	70.1=	▲0.60	+0.86	1	62
歐買尬	182.0	183.0	183.0=	▲3.50	+1.95	1	65
辣椒	95.8	96.4	96.4=	▲1.90	+2.01	1	109
傳奇	251.0	252.0	252.0=	▲6.50	+2.65	1	59
智冠	80.9	81.0	81.0=	▲1.70	+2.14	1	1138
大宇資	--	22.70	--	--	--	0	0
富爾特	29.50	29.65	29.60=	▲0.20	+0.68	1	38
昱泉	40.20	40.30	40.20↑	▼0.30	-0.74	1	246
統振	23.70	23.75	23.75↑	▼0.10	-0.42	1	1205
橘子	31.25	31.30	31.30=	▲0.40	+1.29	8	360
億泰利	8.45	8.88	--	--	--	0	0
智崴	51.50	54.00	53.00	▲0.42	+0.80	5	5

　　上圖為搶食遊戲商機的網路遊戲廠商，小小的一個商機，目前在台灣，卻已經形成一個族群，可見這網路遊戲的利潤有多麼龐大。

　　不過，天下合久必分、分久必合。SONY、任天堂、微軟三家廠商想要一直保持在遊戲產業的優勢，可不是件容易的事。最先出來挑戰的，便是網路遊戲廠商，由於網路發達之後，可以溝通的事情變的更多了。原本網路只是為了溝通

訊息、傳播訊息使用的。但是,頻寬越來越寬之後,形形色色的活動,通通可以在網路上面測試其商機,例如銷售、商家、拍賣……等,其中最為成功的莫過於「網路遊戲」,造就很許多網路遊戲的廠商股價大發。

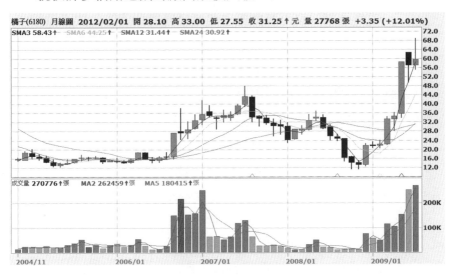

上圖為網路遊戲廠商之橘子(6180),遊戲廠商只要有一款遊戲能在網路上風行,公司就可以大肆收穫。上圖的橘子公司在2008年間,就曾經代理過韓國幾款流行的網路遊戲,讓自己股價從12元價位,飆升至68.8元,短短一年之內,股價漲幅高達5.7倍之多。

2006年～2009年可說是網路遊戲最風行的時候,那時

投資於「機」

候，也誕生了所謂的「網咖」遊戲中心，就是讓遊戲者到「網咖」中去玩線上遊戲。由於有很多青少年沉迷於網咖夜不歸戶，也常常形成很多的治安死角，讓治安單位頗為頭疼。

雖然後來的家用遊戲機也開始發展網路連線，拉回了部分忠實玩家，但終究無法抵禦網路遊戲一波波凌厲的攻勢，兩者只能打個平手，各自擁有各自的玩家。不過，如同網路遊戲瓜分家用遊戲機的市場。當家用遊戲、網路遊戲兩者打的火熱之際，手機公司蘋果卻也看到了另外一個遊戲商機，那就是手機與平板電腦的商機。

很多人會認為iPad平板電腦是屬於平板電腦的商機。筆者倒認為它其實更屬於「遊戲產業商機」，因為當時其實不缺平板電腦、或者所謂的電子書，但是電子書銷售一直不理想，因為很少有人會買個電子書來當閱讀書本的工具。

但蘋果賈伯斯卻看到平板電腦的另一個商機，那就是「行動網咖」的延伸，雖然當時已經有Notebook行動電腦，但是要隨時隨地的玩遊戲，仍是十分不方便。於是蘋果賈伯斯就專門設計一款名為iPad的平板電腦，只要隨時隨地拿著對著銀幕觸控，便可隨時隨地享受玩網路遊戲的樂趣，又可以上網、又可以更新facebook，等於是蘋果iPhone的放大版。這樣一來，蘋果便以iPad平板電腦搶食了網路遊戲的一大塊商機。

　　以上便是近15年來的遊戲爭奪史，遊戲產業的可愛之處，就是在於市場龐大，只要誰有新的idea，並且成功擄獲玩家的心，誰都可以因此致富。像創立facebook執行長查克柏格（Mark Zuckerberg）已經成為全球家喻戶曉的人，就因為他創立了一款facebook網站，讓人可以到那裡去塗鴉、寫心情、玩外掛遊戲。玩家的心裡，其實跟一個小孩子心裡一樣，總希望能得到又新奇又好玩的玩具，而且這玩具絕對不嫌多。但是，遊戲業更有可怕之處，那就是後繼者會前仆後繼的不斷更新前一代的遊戲格局、邏輯，剛打好一仗，卻發現另一邊已經其他敵人給攻陷了。只要能創新，就能把玩家從就舊有遊戲中給拉走。所以，遊戲客戶群來的快，去的也快！

　　若要鎖定這又好玩又能致富的遊戲產業商機時，請一定記得，一定要自身也會玩該款產品，自己能玩才知道賣點在哪裡！當自己玩遊戲，玩到有點令自己覺得「膩」時，請保持警覺，因為其他玩家也跟你有相同感受。那麼請隨時隨地再注意，是否有新的競爭者出現，若有新的競爭者出現，那麼，它一定會搶走一堆玩家。因為既有趣又殘酷的生態，正是這遊戲產業的特色。

無線網通商機

現代人出門必備的一定是一支手機,而且大多的人都已經使用3G手機,也就是手機功能不僅僅只限定於只能打電話而已,還多了可以照相、上網的功能。手機能上網的功能,可說是手機的一項偉大進步。

手機能上網就意味著手機持有人,能隨時隨地與世界的訊息在連絡著,要查股市行情,上網,要更新什麼資料,上網,要找什麼資訊,上網,迷路了,上網,甚至無聊了,上網……。手機能上網等於是個人多了一個隨身的萬能資料庫,若手機只能打電話,就限制持有者只能與部分人連絡,兩者的資訊能力相差十萬八千里。

人手一支手機已成為現代人的習慣,台灣手機密度之高,更是全球第一,平均一人有2.5支手機。但是,就是因為手機密度如此之高,大家又習慣手機上網,而且越來越多的人使用3G手機上網,無形中讓無線網路的頻寬給塞爆了,使用者大多會抱怨手機上網速度變慢。

所以,電信業者得趕緊解決這樣的窘境,急忙增加設備、更新設備已成為業界常態。2012年起,中華電採購1G光纖到府(FTTH)相關設備,原訂5年1,000億元的寬頻建設預算,擴大投資規模為3年至少1,200億元水準。根據中華電信內部規畫,原訂5年投資1,000億元建設100Mbps寬頻網

路，調整為3年投資1,200億元擴建100M-1G超寬頻網路，而100Mbps網路覆蓋於2015年達到80％目標，提前至2013年達陣100％覆蓋。

台灣有數家電信公司，其中有中華電信、遠傳、台灣大三家電信上市，若中華電信開始擴增、更新無線網路，也等同其他家業者也要跟著更新自家設備，這會是一種長期的商機。因為手機使用者也將持續更新自己手機的上網功能，還要繼續吃掉頻寬，也還有更多的手機使用者，將持續從2G手機改為3G手機，甚至直接升級至4G手機，對於上網速度與量的需求，將持續增加。電信網路設備將永遠趕不上使用者的腳步，所以，無線網路商機將是一項長期的商機。

無線網路商機對應的乃是電信業者更新設備的需求，設備廠商才是這一大商機的受益者，光纖上游廠商將優先受惠，像光纖主動元件上游華星光通（4979）與光環（3234），光被動元件的上銓（3363），光纜製造商的台通（8011），光收發模組的前鼎（4908），以及中華電光纖網路的主要供應商合勤控（3704）與友訊（2332）、明泰（3380），都將會是無線網通商機的持續受惠者。

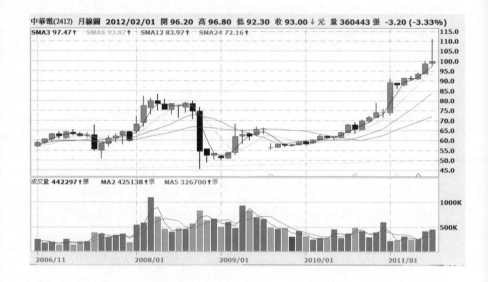

　　上圖為中華電信股價走勢圖，縱使是像中華電（2412）
這樣的大牛股，股本高達776億元，公司有長期的利多，仍
是可以走揚，股價在無線網通商機的帶動之下，股價在2008
年底時在45元，經過二年股價可以來到111元。二年時間，
股價也可以翻揚1.5倍之多，誰說大牛股就不能投資呢？只
要有利多，照樣一樣棒！

觸控、聲控商機

所謂的觸控，乃是指直接接觸螢幕操控的操作模式，早在2000年之前，甚至更久之前，就已經應用在電子產品上。不過，那時候的觸控操作，由於是屬於電阻式的觸控操作，不能滑動操作，所以市場接受度較低。

但是自從蘋果公司的iPhone手機問世以來，講究所謂的電容式觸控操作，螢幕不只可以點狀控制，更可以線狀操作，也就是可以滑動操控，甚至，還發展至多指操控，完全符合人類的生活模式。至此觸控操控，終於在2008年之後，成為3G手機與平板電腦的主流操作模式。蘋果電腦公司因此也獲得了在電子操作上的革命性成功，全球的可攜式電子產品於是進入觸控時代，任何廠牌的手機或平板電腦也被趨勢所影響，或多或少都是以使用觸控操作為主，像HTC、三星等3G手機，也都是完全使用觸控為主。

而蘋果的3GiPhone手機與iPad平板電腦，甚至因為有了觸控操作，而完全放棄其他的操作模式。在正面的螢幕上，只有一個大螢幕，除了電源按鍵之外，沒有其他任何的操控裝置。當然蘋果產品由於導入了觸控裝置，也領導了電子產品的改革，自然公司產品也大受消費者歡迎，蘋果公司大約一年推出一代iPhone手機，而一年也大約賣出一億支蘋果產品，一個公司的產值，比全台灣所有上市櫃公司的產值加起

來，還更高一些，這些都是歸功於蘋果成功的改變使用者的操作習性，觸發了「觸控商機」。

公司名稱	最新股本回溯 EPS(元)	
	2011(F)	2012(F)
2384 TT　勝華	0.10	-0.40
3038 TT　全台	-0.02	-0.55
3049 TT　和鑫	-1.05	-1.70
3149 TT　正達	3.85	3.28
3584 TT　介面	-1.02	-1.42
3622 TT　洋華	4.37	3.94
3673 TT　宸鴻	54.60	58.81
8105 TT　凌巨	-1.25	-0.97

上圖為台灣目前的上市櫃觸控廠商，其中之宸鴻（3673）即是F-TPK為龍頭廠商，也是主要供應蘋果公司的觸控面板廠商，從上圖的獲利比來看，宸鴻（3673）當年之獲利EPS遠遠高出所有觸控廠商的總合。難怪能成為觸控的龍頭廠商，也難怪各家廠商搶破頭也要擠進蘋果供應鏈當中，一年一億支的商機，可是非常巨大的。

另外，觸控操作除了進入多指的操作之外，由於製程技術的改良，目前更是又進入所謂內嵌式觸控技術。內嵌式觸控面板可分為On-Cell及In-Cell兩種，1. On-Cell是將觸控

感測器加在彩色濾光片基板的上或下表層，2. In-Cell則是將觸控感測器直接置入LCD Cell結構中，這技術是由面板廠所主導的，與上述的由電阻式改為電容式是由觸控廠所主導的不同，缺點是良率較低，也造成本增加，但內嵌式觸控為中長線技術趨勢，2012年後較為實際可行，在產品開發速度上亦較具優勢，未來仍將有一定市場領域。甚至，若能突破良率問題，甚至，可以搶下目前屬於蘋果系統的外掛式觸控商機。讀者可持續注意其發展，因為這也是觸控的大商機。

　　F-TPK（3673）以一家外國公司名義，回台上市，卻因為接獲蘋果的觸控訂單，轉身一變成為台灣廠裡的觸控龍頭

廠商，股價也一度來到982元，逼近1000元關卡，當時被投資人稱為三千金之一。

除了觸控操作之外，蘋果的iPhone手機自4GS之後，開始揭露了另外一項新的操作技巧，那就是聲控系統。聲控系統又更進一步提升人與機械之間的關係，人與機械的關係，從原本的按鍵→觸控→聲控，蘋果公司似乎很能改良機械與人之間的關係，把人與機械的關係，趨近於人與人的溝通模式相同。這點與我們在「人性化操控商機」該篇當中所揭露的方向一致，難怪蘋果商品一向受到市場喜歡。因為他們總能把冷冰冰的機械，變成可以互動的工具。國外甚至有一齣話劇，兩個小時內，一個演員不斷的與自己的iPhone 4GS手機對話。可見未來，擅用觸控與聲控功能，電子產品還能真的成為一些人寂寞時的同伴。

所以，藉由蘋果公司把觸控與聲控兩種控制的技巧介紹給世人之後，其實，這觸控與聲控的商機，才剛剛萌芽而已，絕對不止於投資幾個觸控公司，獲取一些利益而已。真正大的商機，乃在於未來的電子產品，把觸控、聲控這兩項功能作出完美的結合，誰能把它完美應用在電子產品上，誰就將是未來電子產業的大贏家。這商機之大，就像蘋果一家公司的產能，就抵上台灣全部的上市櫃公司一樣的巨大！

機器人商機

上一篇是說到人與機器的完美結合是一項大商機，本篇則來說機器與機器間的完美結合的商機，這樣的商機也是十分巨大！

目前最擅長使用機器人的國家莫過於日本，日本是全球最大的產業用機器人國家，根據國際機器人協會（IFR）的資料顯示，2008年全球機器人裝置數量共有103萬5674台，其中在日本就有35萬5562 台。日本的裝置數量比重高達34%，遠高於其他國家或地區。之所以會如此重用機器人，乃是與日本的汽車工業有相當重要的關係。

1967年被稱為「機器人之父」——美國Unimation 恩格柏格博士受川崎重工業之邀訪日，成為日本機器人歷史的開端。1968 年川崎與Unimation 進行技術合作，1969 年首次在日本成功生產產業專用之機器人。

日本自從川崎重工業在1969年成功引進美國企業的技術，並研發出日本第一台國產機器人以來，日本便以汽車製造廠為中心，加速推動機器人化的腳步。日本汽車廠的發展，可說是與國內產業用機器人廠商的發展息息相關。

日本機器人工業會預估，機器人市場規模將從2005年的8000億日圓擴大至2020年的4.5兆日圓，到了2030年將進一步成長至9.6兆日圓。目前機器人的商機在於替代人工，乃是

屬於勞務型的機器人,未來發展成服務型的機器人之後,商機就將更為擴大。

投資機器人就短期而言,會受到企業設備與資金所影響;但是,就中長期而言,卻是一個相當值得期待的市場。理由包括:應用產業領域的持續擴大(從汽車與高科技產業擴大至食品、醫藥、家庭用等);應用製程的持續擴大(從焊接、噴漆、實裝製程擴大至用人手進行的製程);因勞力不足、勞資上漲,所需之替補需擴大等。

在台廠方面,推動機器人最力的莫過於鴻海集團,尤其是位於中國之富士康集團更是持續更新設備,持續打造機器人王國。由於中國政府持續調高勞工基本薪資,讓原本看好中國低價勞工的廠商,持續吃到閉門羹。

於是有財力轉型的企業,紛紛轉往全自動化方向發展,也就是機器人代替人工。鴻海集團便是其中最有名的廠商,鴻海不但在中國四川開設機器人廠,也在2012年宣布投資100億元在台灣中科設廠,投入自動化關鍵零組件及系統整合設備的開發生產,將在台中打造機器人產業王國。未來總投資額上看1000億元,鴻海更邀請工具機股王上銀(2049)成為策略夥伴。

台中原本就是台灣精密機械工業聚落,上中下游產業鏈相當完善而密集,隨著鴻海加碼投資台中,將可帶動整體機械產業升級,並擴大市場需求。而且在ECFA零關稅優惠

啟動下，大部分工具機與相關零組件將可零關稅進入大陸市場，這意味著，工具機業者不需為了降低產品價格而赴大陸設廠，將可望促使工具機業者持續加重台灣投資比重。

目前以中國為主要市場的機器人概念股有上銀（2049）、F-亞德（1590）、友佳（912398）、羅昇（8374）、亞崴（1530）。這些廠商應該是未來機器人商機中最先受益的廠商。

法說會商機

通常會召開法說會的公司，都是對於投資人比較友善的公司，尤其是一些股價較高、股本較大、成交量較大的公司，更會定期召開法說會。一般法說分成兩種模式，一是定期法說會，另一則是臨時法說會。

會召開定期法說會的公司，通常公司舉辦的頻率是一季一次，法說會中向與會的法人研究員報告公司上一季公司之營運狀況，並且預測公司下一季的營運前景，並且也會揭露公司一些新產品，以及其毛利的狀況。之後就是由研究員自由發問，定期法說會的內容大致上是如此。

而臨時法說會，可就變化多端了，有可能是利多出現，也有可能是利空出現，或者，駁斥一些謠言等。會召開臨時法說會的用意，通常就是代表公司「遇到事情」了，這事情沒辦法等到季報或年報時記載，也就是紙包不住火了，必須馬上向公開資訊站報告和投資人報告事情的本末。所以，臨時法說會所揭露的訊息，通常會很具震撼性！

撇開臨時法說會不談，通常一家公司的定時法說會，會是公司股價的走多或走空的分水嶺，因為法說會一季一次，下一次又是過了三個月了。而法說後，研究員們會根據法說的內容，對於該公司給予買進、賣出、或加碼、減碼、或持有等五種左右的建議報告。所以，通常法說之後，股價就會

開始走向另一個新階段,維持時間大約是三個月。

　　若沒有參與法說的投資人,又怎樣能得到法說會商機呢?豈不是落後於法人一步呢?別急,我們在上一段中說過,法說會之後,通常是股價另一個新階段的開始,就算法說會中揭露的很好,法人隔天搶進,造成股價漲停板,也無需緊張!因為還有一季的時間哩!不可能一季三個月的時間內,股價天天都漲停板吧!

　　法說會的商機,在於指引該公司未來的多空趨勢!無須急著搶進、也無須急著賣出,時間還長,三個月內,找到機會切入即可!這對於無法參加法說的投資人而言,是一種手到擒來的商機,不要白不要。

資產商機

　　說到資產，大概直接聯想到就是土地。沒錯，正所謂有土斯有財，土地算是資產股裡面，最大的資產。投資人對於資產股的定義，也是指有空閒土地或者自家廠商蓋在自家土地上，或者土地有建物，但出租給別人使用者。

　　有土地資產的上市櫃公司，會比沒有土地資產的公司，在財力上來得穩健的多。因為有了土地，等於是在財務上多了一個好幫手，而且這幫手能創造利潤，還會升值！

　　創造利潤的就是土地，公司可以把土地承租出去；甚至，可以在土地上先蓋好房子，再承租出去，自然有不錯的租金收入。很多公司在本業上起起伏伏，但是，在出租大樓收益上，反而可以有穩健的收入，這就得歸功於土地資產的幫忙。

　　至於增值，就更容易了解，土地受益於社會景氣的進步，常常會水漲船高。而且近50年來，土地的價值往往只有上漲、持平，還沒有真正回跌的紀錄。所以，擁有土地，真的等於擁有一隻會生金蛋的金雞母。

　　所以，資產股往往也是熱錢與長線投資者的最愛，既能保值，又能獲利。每次只要有大行情出現，或許不是主流的其他的產業，沒辦法沾到邊。但資產股絕對會因為行情熱度，而被拉升起來的。

正因為如此，資產商機往往也是穩當的商機，只要是操作大波段的人，在相對低檔區買進資產股，都會有一定的收益的！屬於進可攻，退可守的商機！

表格：台灣較有資產題材之公司

公司名稱	代碼	主要土地所在地	有無實際開發動作	主要土地目前開發進度			
				縣市都市計畫變更	內政部都市計畫變更	市地重劃或都市更新	開發許可
味王	1203	台北市中山北路中建大樓土地250坪，持份5/11	無，預計由都市更新方向重建	不需要	不需要	無	無
		台北縣三重廠5,343坪	無，朝變更地目為住商綜合區	無	無	無	無
聯華	1229	台北市南港約3,500坪	已興建商業大樓，出租給集團內公司為主	通過	通過	不需要	通過
		桃園縣富岡（楊梅）麵粉廠61,703坪	無	無	無	無	無
黑松	1234	台北市微風廣場4,300坪	無，須等到租約2021年期滿才可開發	無	無	無	無
		台北市微風廣場停車場1,340坪	無，地目尚未變更	無	無	無	無
達新	1315	台中市中港路2,593坪土地	無，經營層短期無開發意願	不需要	不需要	不需要	無
遠紡	1402	台北縣板橋市T-Park 74,000坪	有，通訊園區	通過	通過	不需要	部份通過
		台北縣板橋市其他土地共23,000坪	有，住宅區	不需要	不需要	不需要	部份通過
		宜蘭縣礁溪鄉共30,708坪	有，飯店及度假村	通過	通過	不需要	通過
		台北縣泰山鄉共17,139坪	無	無	無	無	無
新紡	1419	台北市士林區15,696坪	無	無	無	無	無

公司名稱	代碼	主要土地所在地	有無實際開發動作	主要土地目前開發進度			
				縣市都市計畫變更	內政部都市計畫變更	市地重劃或都市更新	開發許可
南紡	1440	台南市裕農路的閒置土地共有3.9萬坪	有	通過	無	無	無
士電	1503	台北市士林舊廠約四千多坪	有,已興建為百貨公司,租給SOGO	通過	通過	不需要	通過
東元	1504	新莊舊廠11,263坪	有,加入台北縣政府主辦都市更新	無	無	無	無
三洋電	1614	泰山廠23,000坪	有,加入台北縣政府主辦都市更新	無	無	無	無
		鑄造廠3,000坪	無	無	無	無	無
台肥	1722	全省53萬坪,台北市南港區35,700坪	有	通過	通過	通過	部份通過
		新竹市經貿園區85,037坪	有	通過	通過	通過	通過
		高雄市經貿園區48,865坪	無	無	無	無	無
		花蓮縣花蓮市175,090坪	無	通過	通過	不需要	部份通過
		苗栗縣苗栗市91,061坪	無	無	無	無	無
士紙	1903	台北市士林廠13,000坪	有,通過台北好好看容積獎勵推薦後,正式向市政府提出都市計畫變更	無	無	無	無
南港輪胎	2101	台北市南港舊廠1.35萬坪	有	通過	通過	無	無
泰豐輪胎	2102	桃園縣中壢廠房旁的12,659坪土地	無,已變更為工商綜合區,預計開發為購物中心	通過	通過	不需要	無
厚生	2107	台北縣板橋,與大陸工程合建,已預售約95%	已開發	通過	通過	不需要	通過
裕隆	2201	台北縣新店市A廠區11,108坪	已出租,每年租金2.5億	無	無	無	無
		台北縣新店市B廠區27,396坪	有	通過	通過	通過	無
		苗栗縣三義工廠831,436坪	無	無	無	無	無

公司名稱	代碼	主要土地所在地	有無實際開發動作	主要土地目前開發進度			
				縣市都市計畫變更	內政部都市計畫變更	市地重劃或都市更新	開發許可
三陽	2206	內湖舊廠1.5萬坪土地	無，預計年底變更地目送件	無	無	無	無
國產	2504	台北市南港區9,580坪	有，地目變更已於06年底送件	無	無	無	無
		台北縣淡水19,782坪	無	無	無	無	無
		台北市北投區11,409坪	無	無	無	無	無
榮運	2607	桃園縣南崁貨櫃廠75,000坪土地	有，06年底進行地目變更送件	無	無	無	無
農林	2913	全台擁有1,210萬坪土地，苗栗縣三義鄉1,728,389坪	有，開發為暢貨中心	通過	通過	通過	通過
		苗栗銅鑼鄉1,860,044坪	無	無	無	無	無
		台北縣三峽鎮3,500,347坪	無	無	無	無	無
		南投縣魚池鄉1,686,276坪	無	無	無	無	無
台火	9902	台北市士林區士林官邸旁共644.4坪	無，因地主持份眾多，整合困難	不需要	不需要	不需要	無

都更商機

臺北市自三百年前（公元1709年）開墾以來，至今建城逾120年，經過時間的累積，已成為兼容各時代文化與建築的多元城市，並為亞洲第6大適宜居住的城市、世界10大創意城市。不過也由於老舊建築過多，也是讓市容老舊的主因。市政府於是於2011年推動「都市更新」計畫，希望以獎勵容積率方式，讓居住者能夠以一坪換一坪的方式，鼓勵居民與建商改建目前五樓以下的建物。

自推動以來，也頗受市民的歡迎，市民可藉由都更增值房價，更讓建商獲得建案的商機！營建族群中，遠雄、華固、長虹、興富發、全坤建、潤泰新、鄉林、力麒、基泰等建商都已經切入該商機之中。

甚至連金融體系的台銀、土銀、三商銀、國壽等也都展開布局此商機。公銀行庫多因承作都更融資案而嚐到都更甜頭，於是更加運用自有行舍、土地進行都更，且因地主結構簡單、整合較易，致使獲利能較早實現；以三商銀為例，都更帶來的潛在利益至少有50億元，土銀更成立都更投資信託公司，擬投資有潛力的都更案。

都更的商機在哪裡？當然是在於與居民合建之建商身上，由於建商不用支付日益昂貴的土地成本，就可以取得與居民合建的土地，然後再以市政府獎勵容積率方式申請到建

照，可說是最理想的模式。完工之後，建商除了可以從居民身上取得建築費用之外，另外，多出來的房屋也可以出售獲利，可說是在台北市建築中最不風險的建築方式，唯一的麻煩就是必須說服住戶都同意都更，若有人堅決反對成了釘子戶，公權力也很難介入，畢竟，兩造雙方都是民間，沒有人是對的或錯的。

　　在台北市房子越來越老舊之前提下，未來台北市的都更案件也將會越來越多，以上建商由於已經開始切入都更案件當中，未來經驗將越來越豐富。等下次房地產景氣再起之時，都更案亦將如火如荼的展開，屆時，上述的建商由於經驗豐富，將是最有機會獲得都更商機的族群。

經濟特區商機

台灣最成功的經濟特區,以新竹科學工業園區最為有名,當年也是屬於不毛之地的新竹市郊區,在政府欲發展高科技產業的前提下,便規劃了一大片土地,為科學工業園區。科學園區設立之後,各大高科技電子廠紛紛進駐,形成了群聚效應,後來也就發展成現在的繁華景象。

新竹科學工業園區內的廠商造就了近年來稱之為的「電子新貴」,當時工學院的大學生只要在大學中讀個好的科系,都能進入新竹科學園區的成為上市櫃公司之工程師。只要在公司內乖乖的工作幾年,光靠公司分紅分發的員工持股,就可以輕易成為千萬、甚至億萬富翁。

而新竹市更因為有了科學工業園區,而提升了整體的居住環境以及消費能力。新竹不再是以「風」聞名的風城,當地的房地產更靠園區內的電子新貴們購買大增值,成為僅次於台北市房價的都市,新竹市的房價甚至比當時為直轄市的高雄還昂貴。當然,民眾消費力也因為園區內的員工而整體提攜起來。

由於新竹科學工業園區的成功,也帶動台灣各地紛紛效尤成立經濟特區,較大型的包括:台中機器人園區、高雄軟體園區、台南科學工業園區、南港軟體工業園區、大直科學工業園區、宜蘭太陽能光電園區……等。一時之間,各地區

政府紛紛招商，並規劃開闢自己區域內的土地，成為某某特定的工業園區。

　　且不說特定產業的經濟特區，所帶來的特定工廠集體進駐的招商之商機，若成功打造了一個特定園區之後。往往當地人的人潮與消費力都將因此大增。我們以大直工業園區為例，當時大直未成立工業園區之前，大直地區僅僅只有一條馬路較為寬廣，叫得出來的建築，也只有一個「忠烈祠」而已。但是，自從開闢了工業園區之後，當地便開始以工業園區、大直重劃區兩個區域為發展重心。近年來，甚至有多家百貨公司、大賣場、電影院，甚至捷運站等進駐設立，儼然已經成為一個小型的都會中心。而大直的房價更是持續飆升，成為已經僅次於台北市區內房價之第二階高的位置。

　　這便是經濟特區之商機，經濟特區不僅把特定產業集合在同一地區發展，以便帶動產業鏈的升級與互動。更大的商機則在於該地區的「區域經濟」，也會成功的被產業鏈所拉抬。規劃越成功的產業鏈，越能吸引更多的同業入駐，越能帶動當地的區域經濟發展。如此一來，產業與當地經濟便形成良性循環。所以，若知曉哪些地區開始發展經濟特區，請多注意一下該地區的房價、地價。往往成功的經濟特區，最大的投資商機便在於該區域的房地產上面。若知曉哪家上市櫃公司剛好又在那裡，有大片的土地正待開發。別猶豫，趕快找機會切入卡位，因為那是很不錯的一種守株待兔商機！

天災商機

　　近期天災發生的機率，越來越高，從1999台灣921大地震、2004年的南海大海嘯、2008年的汶川大地震、2011年的日本311大地嘯、泰國南部水災等等，幾乎每隔2～3年，全球就會發生一次超級大天災。而且是防無可防的天災。

　　天災的可怕之處，在於不知何時、何地會發生。尤其近期天災頻仍，縱使想要預防也無從預防起，誰都沒有把握天災不會降臨到自己身上。

　　而且天災對於投資環境的殺傷力，也可以說是巨大。像2011年的日本311地震，引發了產業鏈的斷鏈危機。縱使，當時沒有受損的公司，也沒辦法開工，因為產業鏈出了問題，上游沒辦法供應到下游所需之產品，所以，就只能眼巴巴的看著停產。

　　其中又以汽車業最為明顯，斷鏈危機一直等到了半年之後，這才慢慢的恢復正常起來。311地震隔天日本股市仍繼續開市，當時日經指數在受到地震傷害，二個交易日內跌了將近20%，若照這種跌速下去，只消半個月時間，日本經濟就破產了。當時台股也連動影響，指數一天之內就下殺449點，當時只要與日本相關之廠商一律跌停鎖死，指數大跌，也成為近年少見的跌幅。

　　又例如2011年泰國南部水災，天天下大雨，造成湄公河

氾濫成災，一淹數個月，造成泰國南部經濟幾乎陷於癱瘓。
其中又以PC產業的硬碟廠受損最嚴重，同樣造成硬碟缺貨
危機，當時硬碟缺貨，居然零售價錢可以漲超過一倍以上。

　　但是，系統外的天災危機，常常不是危機，而是商機。
以下的合泰車的例子，最能詮釋這項說法。

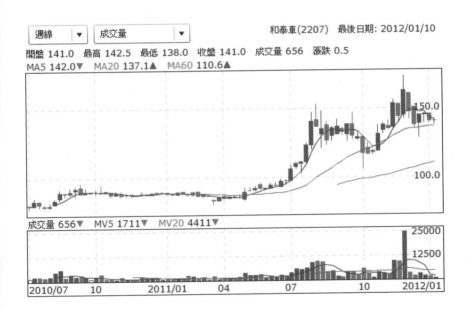

　　上圖為生產並代銷日本TOYOTA汽車為主的和泰車，在
受到日本311大地震當天，股價跌停，當週股價從86.8元，
下殺到80.9元最低價，跌幅不到10%。而且之後，市場產生
缺料危機，TOYOTA汽車因為部分產能受阻，許多零件生

產不出來，造成車市與汽車零件市場一片大亂，價格一日三市的狂漲。雖然消息面上仍是利空單頂，但是，之後的和泰車，反而藉由車價大漲之利多，訂單滿載。獲利也跟著拉升，反而成為地震的受益者。當年在311地震之後，和泰車股價反而一路上漲，股價在當年，居然來到173.5元最高點價位，比下跌到最低點時的80.9元，足足多出了114.5％利潤。危機就是轉機，就是投資是良機，在和泰車身上完全可以印證出來！

所以，投資股市時，其實更要樂觀的看待天災出現，因為看似危險的「天災」，其實才是投資時最安全的時候；而看似安全的太平盛世，反而才是最危險的時候！

民生商機

民以食為天，若民眾不能填飽肚子，任何的政治理想都只是虛無的謊言。所以，為政者首要顧好民眾的民生問題。像2012年的希臘倒債危機，希臘國會通過民間債權人減記債權1070億歐元的歷史性法案，乃是為配合歐盟要求，希望能取得對希臘第二輪紓困行動，用意在避免希臘倒債。歐元區財政部長商定，提供希臘1300億歐元貸款，但要求希臘同時將民間債權人持有的希臘主權債減記53.5%。減記主權債可將希臘3500億歐元債務勾銷1070億歐元。國債雖然減少了，但是卻是背信於民，受傷的是當初相信國家，買進希臘國債的一般民眾。

這樣的減記方式，等於是國家公然搶走人民的財產，未來國家想要再發行公債，保證絕對沒有人會再去購買，若不會埋下未來將引爆的民怨，那才是奇蹟！

減記債權還算是小事，由於希臘實施嚴酷的財政縮減計畫，造成經濟成長欠缺活力，無力財政改革，人民嚴重失業，失業率飆升至達18%以上，也就是說，五個可以工作的人當中，就有一個是失業的人。

而根據官方統計，希臘2012年第1季15～24歲的青年失業率更高達42.5%，相當於每2個青年就有1個人是求職失利的。這樣到處充滿失業與背信的國家，怎麼能讓人民安居過

活呢？人民連基本的填飽肚子的權利，都很難以實現了。

　　人禍之外，再加上，天災不斷、氣候異常，中國大陸現在幾乎每年都會鬧旱災、水災，農作物歉收嚴重。國內產量增長趕不上需求成長的步伐，預估至2015年，中國大陸玉米進口量將較2011/12年度的400萬噸增加七倍達到2,800萬噸。2012年大陸玉米產量將達1.87億噸，較預估的需求量約有6.5%的落差，當年大陸玉米進口量將達到1,300萬噸。

　　另外，根據美國農業部報告，2011年全球玉米期末庫存預估為1.253億噸，創下五年來的新低。

.農金概念股

代碼	商品	買進	賣出	成交	漲跌	漲幅%	單量	委買	委賣	總量
>>1210	大成	31.30	31.35	31.35↑	▲0.70	+2.28	5	32	35	4738
1219	福壽	16.15	16.20	16.15=	▼0.10	-0.62	3	5	8	19
1229	聯華	19.20	19.25	19.20=	▼0.10	-0.52	15	7	50	1079
1314	中石化	36.75	36.80	36.80=	▼1.00	-2.65	15	54	46	15221
1708	東鹼	36.00	36.05	36.00=	▲1.20	+3.45	40	2	3	2856
1709	和益	22.10	22.15	22.10=	▲0.05	+0.23	3	16	7	158
1710	東聯	40.85	40.90	40.90↑	▼0.65	-1.56	4	46	20	3130
1712	興農	12.95	13.00	13.00=	▲0.05	+0.39	90	61	6	255
1722	台肥	81.6	81.8	81.8=	▲0.20	+0.25	2	7	2	1359
1727	中華化	22.35	22.45	22.35↓	▲0.05	+0.22	4	16	30	320
1907	永豐餘	13.90	13.95	13.95↑	▲0.10	+0.72	2	73	239	1508
4702	中美實	19.70	19.90	19.80↑	▼0.20	-1.00	1	1	10	8
4721	美琪瑪	24.65	24.70	24.70↓	▼0.50	-1.98	2	1	3	86
6508	惠光	28.05	28.15	28.10↑	▲0.15	+0.54	1	1	5	70

　　上圖為農金概念族群，大致上民生物品，都是圍繞著農產品發展出來的。所以，農金概念股很能符合民生需求商機的族群。

　　這些訊息告訴了我們什麼？那就是民生物資將持續看漲，也可以說通膨將再起！民生物資不僅僅指的是包括食品而已，廣義而言，更包括日常用品，生活中的食衣住行等項目。但是對於商機反應最直接的，仍屬食品族群。

　　雖然台灣以農立國，但是目前在農產、畜牧產品方面，原料幾乎都來至外國，本國極少生產，一旦國外需求有風吹草動，極有可能影響國內的躉售物價波動，糧食缺少性的通膨極可能再起。對於投資商機而言，這樣的現象，反而是一種機會的浮現。

　　雖然有些悲哀！但是商機就是商機，未來十年之內，投資農業、民生方面的穩定度，絕對大於目前主流的電子產業！

海囤商機

有民生商機，就會有海囤商機，這點我們在許多次的急性通貨膨脹中，都領教到它的威力。像台灣在加入關貿協議之前，曾經一度將料理米酒的價格調高至10倍以上，把料理米酒當成飲用酒出售，造成極大的民怨。更造成一般民眾瘋狂的搶購米酒，許多上游批發業者乾脆囤積米酒坐取暴利。甚至，台灣農產品當中也常常出現囤積現象，那就是可以擺至較久的「大蒜」，也常常成為上游業者囤積的對象。不過，這些現象在政府嚴厲掃蕩囤貨之下，終究成不了氣候，最後，囤積的業者，只得乖乖釋出存貨。

不過，囤貨現象若出現在國際物流品上，那可就非同小可。通常國際性的物流會出現囤貨，就沒辦法以法律來禁止，因為那是為備料、庫存所準備的囤積。若真的供需失調就會造成漲價風潮，像2003～2008年的鋼鐵需求爆增，全球鐵礦怎麼開採，也不夠使用，那時鋼鐵股中，有越多庫存的公司，獲利就越豐碩，而且不違法。

在2010年中國更出現一種瘋狂的現象，那就是新名詞：「海囤」。隨著當時物價節節上漲，「海囤」成了民眾日常生活中的焦點。更發明了以下的新名詞——「豆你玩、蒜你狠、玉米瘋、薑你軍、糖高宗」。當時中國的大豆、糖、食用油，麵粉，大白菜，衛生紙、羽絨服等等的民生必需品，

樣樣都在漲,所以很多人就開始囤積東西,囤的太多了,就產生一個新詞——「海囤」。

而海囤現象會不會再次出現呢?當然會!而且是隨著我們這篇的「天災商機」、「民生商機」的順序之後,就會跟著出現「海囤商機」。海囤的種類當然是以民生物質為主,沒人會去海囤電子產品,因為電子產品要多少有多少,若有人要海囤,製造廠還更樂意多製造一些給他。

所以,當我們發現「天災商機」一直出現時,就請多留意「民生商機」也將接踵而來。而當「民生商機」也一直出現之時,更請多多注意,「海囤商機」也將第三順位登場。把握這樣的順序原則,就能屢屢能在別人叫苦連天之時,也能掌握獲利商機!

環保回收商機

以往的環保回收業，被人戲稱為「收破銅爛鐵」。不過，近年來由於塑膠製品與電子產品激增，已造成全世界污染問題嚴重，再加上，塑膠製品不易分解，更是讓污染持續擴大，環保人士擔心，再這樣下去，全世界的自然環境可能就被污染一空了。

現在有些海洋深處，更是出現所謂的「塑膠濃湯」，一大片、一大片的塑膠製品全部集中在海洋深處。海底棲息的魚類往往誤食塑膠碎片，而導致死亡，更讓整個食物鏈也因此受害！

所以，近年來，已經有政府與民間機構，大力倡導環保回收的觀念，把不能自然分解的塑膠、電子產品給予適當的回收處理。不但能減少污染物的增加，還能再利用這些分解之後的原料。我們稱之為「環保回收業」，「環保回收業」不但是項積功德的產業，更是一項利潤頗大的產業。

類股方面，屬於電子廢料回收處理的部分的有——佳龍、金益鼎、光洋科，屬於塑膠回收的有——F-再生，屬於廢物處理的則有——崑鼎。

其中佳龍、金益鼎、光洋科雖然是處理回收，但與電子業興盛有密切關係，電子業好廢料增加，以上三家公司回收業績也會跟著暢旺。

而屬於廢物處理的則有——崑鼎，崑鼎隸屬中鼎集團（9933），本身更屬投資控股公司，子公司包括從事焚化爐營運及維護的信鼎、廢棄物收集的暉鼎、從事台中烏日垃圾資源回收場興建營運計畫的倫鼎、從事苗栗竹南垃圾焚化廠興建計劃的裕鼎、與昱晶（3514）合資從事太陽能電廠系統開發的昱鼎、從事澳門地區廢棄物處理的瑞鼎，以及從事中國廣州地區廢棄物處理的廣鼎。

崑鼎的合併營收結構以垃圾處理費收入、售電收入佔最高，分佔39%、38%，焚化爐建設費攤提收入佔13%、清運收入佔2%、其他收入佔8%。由於崑鼎主要業務是透過政府保證廢棄物處理量，再利用焚化廢棄物售予台電，整體來說收入來源穩定，受景氣衝擊小。

崑鼎2011年合併營收為35.02億元，年增13.59%。EPS已達10元大關。算是目前環保業的龍頭廠商！

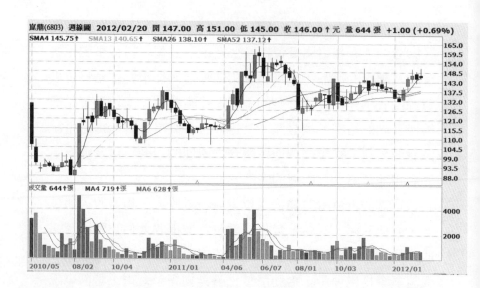

　　上圖為目前環保業中最成功之崑鼎（6803），股價自上市以來，就維持在88元以上水準，股價更是一度高達160元以上，以當年的獲利而言，享有近30倍的本益比。可見投資人對於環保產業未來的發展，是極度的看好！

委外代工商機

所謂的「肥水不落外人田」，尤其是工廠的訂單，能在自家廠商生產的，當然要自己生產。因為自家生產，可以在自家廠內控制原料、製程、良率，進而達到節省成本、拉高毛利的效果。但是，萬一不管自家怎麼改善處理，毛利率都不如其他家廠商時，該怎麼辦呢？這時候，就只有「委外代工」一途可走。

之所以會有委外代工的出現，最主要的原因有二：

一是訂單太多，不得已只好委外代工，消化訂單。

二則是自己生產的利潤，不如別人生產的利潤。

第一項不用多解釋，大家一聽也能明白。訂單太大量、或訂單太多，請別家同業廠商幫忙消化訂單，只要有利可圖，同業之間大家都願意合作。

至於第二項自己生產利潤不如別人生產，咋聽起來比較弔詭。不過，這種事情在業界也常發生。通常這現象不會發生在同一個區域內，因為若技術不如它廠，訂單早晚也會被它廠給搶去，輪不到自己可以委外代工。通常會發生委外代工，原因乃在於出貨成本的問題。

近年來，為何台灣廠商都出走至中國、越南等地？最主要原因，乃是人工成本考量，另外也是為了大家都已經出走至中國，產業鏈自然已經移往該地，當然要在當地設廠，才

能容易取得訂單,並減少關稅問題。這也是目前電子廠常常發生之「台灣接單、大陸生產」的現象,這也算是另類委外代工。但形成委外代工的商機,則另有其他原因!

會有委外代工的商機出現,通常都是因為「匯率」的關係。像上述的遷廠至其他地區,其實,已經更像是把產業「連根拔起」。委外代工則不是如此,通常都是因為匯率變動太快,侵蝕原本的毛利,變的無力可圖,這時候,就只有把訂單轉往其他匯率較低的國家同業,才能享有公司獲利。

這種現象最常出現在日本,近年來,日幣對美金升過快,導致許多已經毛利不高的產業或產品,受到侵蝕。像數位相機產業,由於產業一部分已經被數位手機給取代,以致於毛利率常常往下走低。最後若再出現「壓倒駱駝的最後一根稻草」——日圓匯率上升的話。日廠不得已,只好把較低階、毛利率較低的產品,委外代工處理。所以,通常能接獲委外代工商機的廠商,大都是與該產業龍頭合作較為密切的廠商。

會有釋出委外訂單的國家,對台灣而言,通常是日、韓兩國,日系電子產品,與台灣原本就有密切合作關係,接獲委外代工訂單不稀奇。但近年來,韓國產業常常與台灣雷同,兩國企業常常成為競爭手。

不過,商場沒有絕對的敵人,若韓廠要消化訂單,有時候,也需要台廠的幫忙。這現象常常發生在面板、DRAM、

Flash等廠商身上，有時候是部分委外，有時候，全部委外這得看韓廠的意思決定。

就像是2011年，面板廠被控違反拖拉斯壟斷法案，身為奇美電集團的總裁——郭台銘先生，就怒斥韓國「三星」是告密脫罪。但同樣為面板廠的友達公司總裁——李焜耀先生說話卻保守的多，他只有苦笑說：「我們跟三星的關係很微妙，有時候是競爭對手，有時候是夥伴，有時候三星還是我們的雇主」。這便是委外代工的商機，讓友達的李焜耀不能暢說欲言的原因。

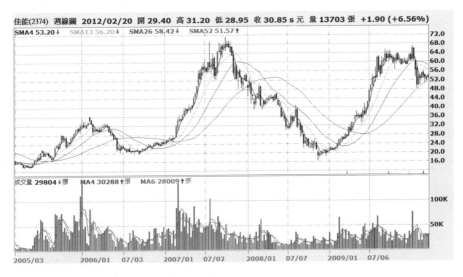

上圖為常常接獲數位相機委外代工的台灣廠——佳能（2374），由於與日廠canon友好，常常接獲日廠數位相機

的委外訂單，若有委外代工的訂單，就會讓佳能股價呈現數倍的翻揚。但是一旦訂單消失，股價又會回到原點，正所謂：「趙孟能貴之，趙孟賤之」。不過從上圖來看，委外代工的商機，的確很大。讓佳能的股價兩次從16元，翻揚至70元，上漲4倍以上。

轉單、大訂單商機

近年來，產業之間競爭激烈，同業與同業之間更是廝殺慘烈。而下訂單的貨主更是看準這樣的優勢，對產品的詢價、比價更為強烈。以往上下游公司之間，還有所謂的產銷關係。但是，到現在一切以商業利益為前提，接得到這批大訂單，以相同條件，未必就接得到下一批訂單。

近期最有名的例子是，發生在2011年時，台積電曾經派遣公司工程師駐廠美國Apple公司數月之久，終於努力爭取到Apple手機的IC代工訂單，董事長張忠謀先生還驕傲地在法說會中說，未來Apple每賣出一支手機，台積電便獲利N元，台積電獲得了Apple大商機。

但是，事隔不到三個月，就傳出Apple公司將與韓國三星公司合作手機IC代工訂單，台積電駐廠美國Apple公司數月，不但白忙一場，還成為Apple公司對韓國三星要求降價的籌碼。

這下子，台積電可虧大啦！Apple公司一開始便沒有真心對待，沒有想把訂單下給台積電。從頭到尾都把台積電當作是對三星議價的棋子在使用，最後利用完了，也就直接拋棄了。商場如戰場，正所謂「兵不厭詐」。若就商言商，也不能說Apple公司就過於奸詐狡猾。

平心而論，Apple公司或許當時是真的要給台積電一個

機會。只要當時台積電的產品表現能優異於三星，報價又比三星來的低，低到蘋果真的心動的話，自然能夠接獲Apple手機的IC代工訂單。但若以上兩項都未能讓蘋果滿意的話，就不能要求Apple公司一定要把訂單下給台積電。

若當時台積電真的接獲Apple手機的IC代工訂單，那麼就真的會出現轉單、大訂單的商機出來了。這商機雖然是廠商爭取來的，但是，對於投資人而言，卻如同天上掉下來的禮物！這樣的商機很容易讓股價突然拉升許多，而且，如果轉單成真的話，未來也會漸漸發酵成果，股價還是會持續拉升。反之，接獲轉單、大訂單的新聞，若只是炒股價的一個題材而已，股價通常都只反應一下，最後就不了了之，甚至，股價倒拉回來更低點。

轉單商機當然是大商機，我們對此無需置疑！因為這是公司在原本營運之外，新增加的收益，只要公司產能應付得過來，都是值得讚許的！對於這樣商機的評估，通常就要看是大訂單還是小訂單來決定。訂單的大小決定股價的升幅。另外一項更值得注意的是「真、偽」，假的自然不能投資，因為有些是有心人故意放話，目的就是為了自己要出貨。

不過，就算是真的轉單消息，有些卻早已經在市場上傳的沸沸揚揚，而且股價早就對此做過反應，就算成功接獲訂單，反而成為出貨的機會。另外，市場還有一種作法，就是把已經接獲轉單訊息，再拿出來再炒一次新聞，目的也如同

上述的理由一樣，好讓投資人想起公司營運轉好，拉抬市場人氣，讓有心人可以出貨！

所以，對於轉單、大訂單的商機操作與判斷。若讀者已經持續追蹤該公司這訊息一陣子時間，若第一次曝光，自然能先卡位，當然要先卡位。若沒辦法在第一時機內卡位的人，不妨注意一下該訊息的發酵程度。這牽扯到投資人對於該公司的了解程度，筆者無法給絕對答案。若觀察發現股價在第一時間已經充分反應完畢，就等股價拉回時再買進。若在第一時間沒有充分反應，當然可以直接切入，通常都還有利潤！因為大商機的投資機會，就像一輛從台北行駛到高雄的高鐵列車，能在台北上車最好。若不能，在板橋、新竹上車也不錯，再差一點，到台中時再上車也不錯。但是若高鐵列車已經行駛到了台南，距離高雄僅剩下數十公里遠，那就別麻煩一定要搭高鐵，這時反而改坐其他交通工具，更會輕鬆自在，而且來得省錢。

轉單商機也是如此，若90％的利潤，已經先被市場反應過了，剩下10％的利潤，就別去硬求，偶爾坐下來，純欣賞也是件賞心悅目的事情！

毛率提升商機

一家公司會令人第一眼就注意的財報項目，筆者首選「毛利率」。因為毛利率最能代表了一家公司的獲利能力，毛利率越高的公司，代表該公司的利潤越高。在相同的售價之下，一家毛利率50％的公司所生產的一件產品，抵得上一家毛利率只有5％的公司所生產10件產品。所以，企業的毛利率就代表其競爭力，毛利率越高，代表它們的產品在市場上越受消費者喜歡，因此才可以享有高的利潤。

例如2011年的手機銷售市況，3G智慧型手機市場由Apple、HTC、三星三家廠商囊括了65％，剩下的35％才由世界其他的手機廠商所分食。而Apple的整體毛利率，往往高達50％以上，新款手機更可上看100％以上的毛利率，享有了這麼高的毛利率，賣一支手機，可能要小廠賣10支手機以上。能賣出這麼貴的手機，銷售成績卻依然一流，乃是歸功於三家廠商的智慧手機，在功能領先其他家手機。於是我們就可以推論成「毛利率高代表競爭力強」。廠商的競爭力是看不到的東西，能顯現其競爭力的數據，當然也就是毛利率，毛利率顯示公司的產品競爭力。競爭力是其「體」，而毛利率則是其「表」！

故若要比較相同產業不同廠商之競爭力，通常最先應該比較的，就是其毛利率，其次，是營收，兩者相乘的數字，

就是其競爭力。比完了競爭力，這才比較產品、展望等次要項目。

聯發科(2454)基本資料			
MediaTek Inc.			
		流通股本(億)	114.75
掛牌交易所	TSE	初次上市(櫃)日期	2001/07/23
董事長	蔡明介	成立時間	1997/05/28
發言人	顧大為	每股淨值 (2011.3Q)	92.66
總經理	謝清江		
公司電話	03-5670766	每股盈餘 (2011.3Q)	3.73
股務電話	02-23111838	營業毛利率 (2011.3Q)	40.63%
股務機構	中國信託商業銀行代理部	稅前淨利率 (2011.3Q)	27.21%
公司地址	新竹科學工業園區新竹市篤行一路1號		
股務地址	台北市重慶南路一段83號5樓		
公司網址	http://www.mediatek.com		
營收比重	多媒體晶片銷售98.60%、技術授權及技術服務1.40%		

　　上圖為中國山寨機推手的聯發科（2454）之基本資料，聯發科雖然是供應中國低價手機之IC晶片，不過其營業毛利率仍高達40.63%，比同期的三千金的宏達電（2498）之毛利率24.4%還要好很多。不過，唯一遺憾的是IC晶片單價不高，宏達電的手機則是高單價，若出產同樣多的數量，宏達電的整體盈利，就會比聯發科強的多！

　　若在沒有新訂單挹注的條件下，公司最令人見到樂意的發展，莫過於毛利率的提升，因為這是成本不增加的情況之下，增加企業利潤的方法。

　　公司的毛利率有分整體毛利率與單一產品毛利率，整體毛利率是由單一產品的毛利率組合起來而成的。所以企業經

營者，若能時常檢驗其旗下產品的組合，汰弱擇強，往往也能達到拉升毛利率的目的。

在上市櫃公司公佈其營收項目中，營業金額一個月就必須公佈一次，但毛利率卻只需要一季公佈一次。所以，我們沒辦法時時知道公司的毛利率變化狀況。但是，毛利率的變化，卻是相當重要的事情，因為毛利率的升降，將影響公司盈利的變化，有時候，接太多的訂單，卻只能換到更低的「利潤」，主要原因就會是出現毛利率上的變化。如何將「營收」與「毛利率」兼顧呢？這得視經營者的理念而定，有時候，犧牲一點毛利率，換得大訂單，或者，犧牲這項產品的毛利率，換得另一項高毛利率產品的訂單，都是不錯的決斷。該如何因應？仍是企業經營者的最大課題！我們身為投資人，不需這傷腦筋，只需看結果即可！

原則上，毛利率統合了上市櫃公司的其他的會計項目，如：營業項目、應收帳款、費用、支出、人事、耗費……等大項，與營業額同等重要，是投資者必須隨時注意的主要會計項目。毛利率若提升對於一家公司而言，可是很大的投資商機。尤其是新產品一出現時，若公司的整體毛利率跟著提升，便表示新產品的賣相很好，挹注了很多的新訂單進來。

所以，看公司會計帳時，不懂產品沒關係、不懂營業項目沒關係，卻一定看要懂毛利率的真意！懂得毛利率，就懂得公司的展望！

轉虧為盈商機

一家可以轉虧為盈的公司，當然，如同鹹魚翻身一般令人驚艷！在巴菲特的投資哲學裡面，是不期待一家公司會出現轉虧為盈的，之所以不期待，就表示機率很小。巴菲特的投資哲學是專門投資公司現金流量大，並且能讓股東權益報酬率（ROE）高的公司，這對於投資者而言，是最穩健的投資方法。因為對巴菲特而言，買進一家公司的股票，相當於參與該企業的經營，當然是越穩固收益的公司越好！而且他也相信，很少有公司可以轉虧為盈成功。所以，他在投資一家公司之時，絕對不期待這家公司可以轉虧為盈！要買就買最好的！

轉虧為盈很難嗎？當然難！相較而言，轉盈為虧倒是簡單的多！根據內政部的統計，可以掛牌超過10年以上的公司，不超過5％。也就是說，有95％的企業會在10年之內結束營業。為何要結束營業呢？當然是已經轉盈為虧，否則，企業若還有盈餘，股東最好的選擇，還是會選擇先撐一下，等待局勢的改變。正如已過世的台塑大家長王永慶先生的「瘦鵝理論（PS1）」，只要撐過不景氣，在景氣轉好時就能大展身手！

正因為如此難，若能轉虧為盈，是多麼令人驚喜的事情呀！連股神巴菲特都不認為自己可以辦到的事情，卻有人可

以辦到,的確是很令投資人振奮的消息!而且,我們都喜歡
看英雄片,若真的能轉虧為盈,那麼就真的等同在股市中,
真實上演了一部「股市英雄片」!當然會受到投資人喜歡。

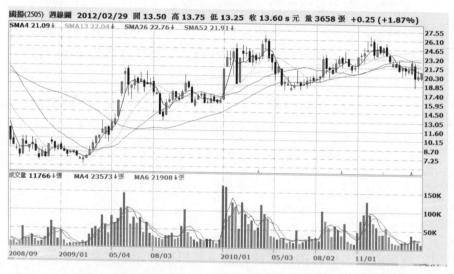

上圖為由虧轉盈的代表公司——國揚(2505),當國揚
建設呈現虧損時,股價最低來到7.25元。不過,在經營者努
力振奮之下,公司營運漸有起色,漸漸還清負債,最後在快
要還清所有負債之前,投資人也樂於給於掌聲,股價已經
逐漸拉升至26元位置,從低點到高點,股價翻揚了3.6倍之
多!

當然,投資人不會輕易放棄參與轉虧為盈的公司,例

如：一家公司去年賺EPS1元，今年再接再勵能賺EPS2元，值得喝采。但是，倒也不太稀奇，因為上市櫃公司中，能賺EPS5元以上的公司多的是。而另一家公司去年賺EPS-1元，是賠錢的，負一元。但今年突破重重障礙，又改經營人事、又接獲大單，終於今年也能跟上述的第一家公司一樣，公司能賺EPS2元。

投資人若看到這訊息，絕對會打從心底叫出一聲：「哇！」怎麼那麼厲害，居然可以轉虧為盈耶。且不論這兩家的產業屬性，若單純的比較以上這兩家的投資意願，想投資後者的意願，絕對會高出於前者的10倍以上。

通常若出現以上的比較時，往往後者的股價，會高出前者一倍以上。雖然歸根究底兩家的獲利相同，但是以投資人的角度而言，後者卻比前者爆發力強大的多！投資人喜歡強大爆發力的公司。

連股神巴菲特都不認為可以達成的事情，若真的有人辦到了，那就是做到連股神都做不到的事情，對於這樣的公司而言，的確充滿商機，這就是轉虧為盈的商機！當讀者能有幸遇到這樣好事，若股價還跟當時獲利相仿的公司差不了多少，請趕快大膽投資吧。因為這樣的公司可能還有一倍以上的漲幅空間可期！

轉型商轉

上一篇的轉虧為盈是「果」，或許本篇的「轉型商機」，才是轉虧為盈的「因」。轉虧為盈有很多的原因，但若「轉型成功」，企業往往就能轉虧為盈。轉型成功的公司，甚至還可以好上加好，更上一層樓，不一定就是轉虧為盈！

通常企業需要轉型，大概都是已經碰到瓶頸了，若是一帆風順的公司，往往是不需要轉型，只有碰到瓶頸的公司，才會考慮另闢戰場轉型去了。

但如同轉虧為盈一樣，股神巴菲特也從不期望一家企業能「轉型成功」。所以，他投資只注重現金流量與股東權益報酬率（ROE）大優質的公司。現金流量大表示，表示公司的應收帳款都能收的回來，而股東權益報酬率（ROE）大，則表示投資進去的錢，能夠生出股息出來，這兩項指標成為巴菲特投資不敗的利器！

但是，上市公司之中，還是真有公司靠轉型成功的，往往股價也都有可怕漲幅，股價的漲幅才是投資人「投機」的主要目的。

例如，以IC設計為本業之威盛（2388）當時在2G手機還很熱門時，便投入資金加入3G智慧手機的研究領域。後來，自行研發智慧手機成功之後，公司股價立刻如坐上雲霄飛車一般，直奔雲霄，股價奔到629元成為當時的股王。但

是機會太大了，負責人眼看機不可失，於是另起爐灶，切割事業體另外成立一個公司，名為「宏達電（2498）」。果然，後來「宏達電」發表自有品牌HTC智慧手機不負眾望，一年獲利高達數個股本，股價也屢屢當上台股股王寶座。

最後脫離母公司之後的子公司宏達電，在小股本大獲利的情況之下，猶如脫韁野馬，經過三年的蟄伏之後，三年後股價終於大爆發。股價從最低點94.5元（當時已經算是不低的價位了），在受到市場喜歡3G智慧手機，營收爆發與自有品牌的雙重激勵之下，股價直奔上1000元以上水準，投資人獲利高達十餘倍之多，股價也數度成為台股股王，成為當時台股人氣王許久。

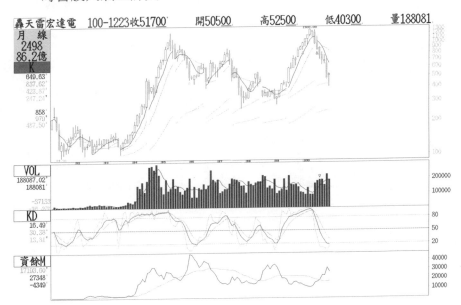

　　上圖為脫離母公司之後的宏達電，猶如脫韁野馬，負責人一度成為台灣首富。

　　另一例子，原本生產光碟片為主的國碩（2406），在光碟片產業前途不光明下，毅然轉型至太陽能產業，藉由國家科學研究發展基金會的幫助，切入太陽能電池與太陽能導電膠的領域。切入光電事業之後營運逐漸起色，國碩股價從民國97年11月最低點的1.65元，一路攀升，到了民國99年3月時，股價已經飆升至50.5元最高點，高低差相差48.85元，相較於最低點時的股價，居然，相差2960％之多。

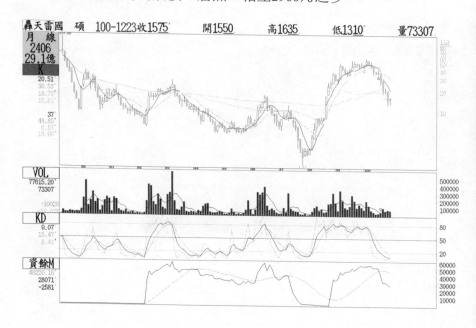

上圖為股價起死回生的國碩，若當時以1.65元買進，兩年就能獲利29.6倍之多。

後來，該公司該太陽能導電膠事業也另闢途徑，成立另一家新公司名為──碩禾（3691），與母公司國碩切割，並在99年11月上市（櫃）。碩禾（3691）上市（櫃）沒多久，股價就飆升至最高905元，股價還一度贏過宏達電幾天，一度成為當時的新股王。

以上兩家都是轉型成功的例子，股價表現也倍受投資人歡迎！原因也無它，就是連巴菲特都不看好的，卻讓他們給做到了！

轉型成功的例子，也告訴我們一個要轉型成功的決定性因素，那就是要切入未來的「新興行業」，若一家公司在本業已經難以獲利的情況之下，又切入另一個垂垂老矣的夕陽產業，那麼想轉型成功是不可能的。要想轉型成功，就要切入未來會當紅的產業，最好是還能切入該產業的重要樞紐位置，像國碩的子公司碩禾，就是切入太陽能中的必需品導電膠部份，而不是切入一堆廠商在從事的上游的多晶矽或者是下游的模組部分。能切入別人的必需品，自然能轉型成功的機會就很大！

想投資轉型成功的商機，重點就是在上一段的中，要看企業能不能轉型成功，就看他們是不是轉型到未來的「新

興行業」。正所謂水漲船高,當一種產業正在興起,切入其中,成功的機會自然大很多!

PS1:瘦鵝理論:

以前台灣農村幾乎家家戶戶都飼養雞、鴨、鵝等家禽,並用吃剩的食物和雜糧來餵養。因為當時物資極端匱乏,鄉村嚴重缺糧,人都吃不飽了,當然也沒有剩餘食物和雜糧可飼養家畜,只好讓牠們在野外覓食,吃野菜和野草。

一般說來,農村飼養的鵝,在正常餵食之下,大約四個月就有五、六斤重;可是,當時一般人家飼養的鵝,由於只吃野菜和野草,四個月下來,瘦得皮包骨,每隻都只有兩斤重。

看到這些瘦弱不堪、價值偏低的鵝群,王永慶心中盤算著:「兩斤重的鵝可說毫無用處,假如我能動腦設法找到鵝飼料的話,養鵝的難題必定迎刃而解。」

根據他的觀察與分析,當時農村採收高麗菜之後,都把菜根和外面一兩層的粗葉丟棄在菜園裡,而這些被丟棄的菜根和粗葉正是鵝的飼料,可是一般人並沒有察覺到。

於是,王永慶雇人到四處的菜園撿回菜根和粗葉,再向碾米廠買回廉價的碎米和稻殼。把菜根和粗葉切碎,混合碎米與稻殼,就製成絕佳的鵝飼料。

接著,王永慶到處向農家搜購瘦鵝,農家見到養不肥

大的瘦鵝竟有人搜購，正是求之不得。王永慶把四處搜購來的瘦鵝集中起來，並用自製的飼料餵食。瘦鵝飽受飢餓的折磨，看到食物就拚命吞食，一直到喉嚨塞滿了飼料才暫時停下來；幾個小時之後，等胃裡的食物消化完畢，立刻又狼吞虎嚥一番。

每天如此週而復始，原本只有兩斤重的瘦鵝，經過王永慶兩個月的飼養後，重量高達七、八斤，非常肥大。究其緣故，因為瘦鵝具有強韌的生命力，不但胃口奇佳，而且消化力特強，所以只要有食物吃，立刻就肥大起來。

這一段飼養瘦鵝的寶貴經驗，讓王永慶深悟到企業也像瘦鵝一樣具有強韌的生命力，只要能夠忍受折磨，度過難關生存下來，總有撥雲見天的機會。

董監改選商機

上述這麼多商機,都是屬於國際性、經濟性、公司性的真實商機。接下來我們要談的則是,屬於股市性的商機!

從事股市投資,不管再怎麼研究商機,若不進入股市去買股票,終究只是紙上富貴,是隔靴搔癢而已!研究商機,最終還是要進入到股市裡面去操作,去開個證券戶頭廝殺一番,才能真正實踐研究投資商機的理想,把「內在財富轉為外在財富」!

股市操作裡面,也是有很多商機存在的。倘若好好利用,不管當時的指數如何,時空背景如何,或者多空走勢如何,以下的商機,也能讓人獲利不少,股市商機是屬於外行的看熱鬧,內行的看門道的。

公司法規定,一家上市櫃公司每三年都必須舉行一次董監改選,選出後三年的董事、監察人,我們稱之為董監改選,這也會是一種商機。由於近年來上市櫃公司高達近二千家以上。所以,每年大約有700家以上的上市櫃公司,必須舉行董監改選。

而董監改選有什麼商機呢?這商機可大著呢?通常一家的董事、監事們,不可能一直把錢擺在持股上面,對於資金運作而言,太呆滯了。通常董監事們都會活用資金,選完董監事之後,當選的董監事們大都會「適時」的調整自己的持

股，以便讓自己有更多的資金可以靈活運用與其他投資。也就是說董監事們會賣出自己的部份持股，至於多少金額，則與自己的其他計畫有關！

　　董監事們的最好理想，就是讓自己的資金，在這三年之內，先去外面轉個一大圈，先賺飽了其他的利益之後，再轉回來回補自己的持股。但是天下沒有十全十美的事。若外面的投資不順利，卡到了資金，資金就沒辦法馬上硬收回來。另一個困擾是，股市也不是自己家裡開的，股價不可能完全照自己的意思走。雖然董監事會比較知道公司的營運內幕，大致上，能抓到公司的股價趨勢。但是，有時候股價是隨著大盤脈動在前進的，大盤太強時，個股股價想不強也難。

　　若以上兩種原因，讓董監事們沒有機會回補持股，進而錯過了最好回補價與時間。這時候「董監改選商機」就浮現出來了！

　　由於董監事出脫持股必須要向證管會申報，所以，只要用心一點的投資人，都會輕易明瞭目前董監事的持股狀況。一旦到了董監改選的那一年，若還未見董監事們回補持股，又見到公司營運不差，通常就知道目前董監事可能沒有多餘的錢，可以回補自己的持股！而市場一向可是「嗜血」的，一旦有這種董監事可能被「軋空手」的機會，絕對會有人去「軋董監事空手」的。有時候，是想擠下原來的董監事，讓自己當當董監事，這是屬於較有實力的金主。另外，有時

候，只是想要佔個便宜，低價買進，軋到董監空手，最後讓董監事們高價回補了事，並不想當董監事。

以上就是董監事改選商機！有時候，兩派人馬相爭董座席位，可以把股價炒的半天高，有時候，董監事悄悄地回補持股，或向外收購委託書，這風波就輕輕的解決了。但是無論如何，這董監事改選商機還是存在的。

發掘董監事改選商機的方法，其實也不困難，方法就是要早董監事們一步即可！一般而言，要在前一年的年中或年底，就先找出隔年即將改選董監事的公司，大約有七百家之數。然後，從中篩選董監持股過低的公司，再看看該公司的月營收、季報等是否異常，若都沒有，就可以從中選出自己喜歡的行業與個股，既進行投資，又進行軋董監空手的「雙重投機」。

一般而言，若在一年前就佈局，只要不去追高，大致上，都能不錯的收穫！若股價已經上漲，又見到董監持股已經回補，就可以獲利了結。若股價持續升高，一直未見到董監持股回補，那就表示已經軋到董監事的空手了；這時候，就坐等看好戲就行了，因為這商機可能很巨大。

下圖為2012年六月初時，必須進行董監改選的公司，大部分公司每年的董監改選日期，會都選在六月份來舉行，七月以後就寥寥可數了。

上市（櫃）公司董監事改選日期			2012
代碼	公司	改選日	最近改選日
8074	鉅橡	2009/6/1	2012/6/1
3632	研勤	2009/6/2	2012/6/2
8048	德勝	2009/6/2	2012/6/2
1229	聯華	2009/6/3	2012/6/3
1235	興泰	2009/6/3	2012/6/3
1438	裕豐	2009/6/3	2012/6/3
1710	東聯	2009/6/3	2012/6/3
3323	加百裕	2009/6/3	2012/6/3
3523	迎輝	2009/6/3	2012/6/3
3527	聚積	2009/6/3	2012/6/3
8383	千附	2009/6/3	2012/6/3
1441	大東	2009/6/4	2012/6/4
1460	宏遠	2009/6/4	2012/6/4
1799	紅電醫	2009/6/4	2012/6/4
3294	英濟	2009/6/4	2012/6/4
6505	台塑化	2009/6/4	2012/6/4
1301	台塑	2009/6/5	2012/6/5
3422	億泰興	2009/6/8	2012/6/8
8266	中日新	2009/6/8	2012/6/8
1720	生達	2009/6/9	2012/6/9
1777	生泰	2009/6/9	2012/6/9
3122	笙泉	2009/6/9	2012/6/9
3554	精品	2009/6/9	2012/6/9
1410	南染	2009/6/10	2012/6/10
1565	精華	2009/6/10	2012/6/10
1570	力肯	2009/6/10	2012/6/10
1609	大亞	2009/6/10	2012/6/10
1802	台玻	2009/6/10	2012/6/10
1808	潤隆	2009/6/10	2012/6/10

上市（櫃）公司董監事改選日期			2012
代碼	公司	改選日	最近改選日
1907	永豐餘	2009/6/10	2012/6/10
2015	豐興	2009/6/10	2012/6/10
2033	佳大	2009/6/10	2012/6/10
2103	台橡	2009/6/10	2012/6/10
2303	聯電	2009/6/10	2012/6/10
2308	台達電	2009/6/10	2012/6/10
2330	台積電	2009/6/10	2012/6/10
2338	光罩	2009/6/10	2012/6/10
2379	瑞昱	2009/6/10	2012/6/10
2380	虹光	2009/6/10	2012/6/10
2393	億光	2009/6/10	2012/6/10
2404	漢唐	2009/6/10	2012/6/10
2417	圓剛	2009/6/10	2012/6/10
2423	固緯	2009/6/10	2012/6/10
2433	互盛電	2009/6/10	2012/6/10
2437	旺詮	2009/6/10	2012/6/10
2453	凌群	2009/6/10	2012/6/10
2454	聯發科	2009/6/10	2012/6/10
2458	義隆	2009/6/10	2012/6/10

新上市商機

大家都應該知道，股票有所謂「上市蜜月期」，這乃是指新股透過第一次的初級市場之後，第一次可以在「次級市場裡面」交易。由於新公司，在外流通的籌碼較小，再加上，有輔導券商的護盤買進，通常很容易把籌碼一掃而空。籌碼掃乾淨了，自然就很容易拉抬，也就自然形成所謂的新股蜜月期。

不過，近期的新股蜜月期，已經漸漸失效，為什麼？會失效的原因，並非後來上市的公司體質不好，而是後來上市的公司，已經不是新上市了，自然沒有商機可言！

不是才剛上市嗎？怎麼會不是新上市呢？原因就出在「興櫃市場」的崛起。原本台灣股市只有上市、上櫃兩種交易體制。後來，台灣證券交易也看上「未上市」市場的大餅，於是也開發出一種名為「興櫃市場」的交易體制出來。這興櫃市場就是等於以往的「未上市」市場。

未上市公司的股票，自然有其風險性，有的未上市公司終其一生都未能上市、上櫃。但也有些未上市股，由於公司獲利極佳，成立沒多久，一下子就成了上市上櫃公司。這種公司當然是市場的寵兒，由於證交所開放興櫃市場之後，很多的公司獲利狀況，變的比較清晰，投資人於是轉戰興櫃市場開始買進。

像2012年3月即將上市的食品業「王品牛排」，在興櫃市場時，股價便高達600元之多，但是當時其公司的獲利能力，一年大致上只賺一個股本，也就是EPS10元而已，等於享有60餘倍的本益比。

上圖就是王品在興櫃市場的走勢圖，很明顯可以看到股價在2012年一月之前，股價大都維持在380元附近，但是，在2012年一月以後，股價就開始往上走。這是因為一月之後，王品就通過第二階段的審查，投資人知道王品要轉成上市櫃的可能性增加了，自然開始卡位，成交量也開始放大，股價甚至一度飆升至600元。

　　這樣的本益比，自然已經先把未來利潤給計算進去了。所以，上市之後，就很難會有多餘的表現空間。近期像王品的例子，現在到處都是。只要好公司，都有人先卡位！

　　因為現在新上市的商機，已經延燒到興櫃市場去了！所以，想要得到「新上市商機」，就應該要往興櫃市場上走，而不是待在目前的初次上市的市場。

　　該如何判斷呢？通常興櫃市場的股票，要通過所謂的三階段審查，每一階段的審查過關，都會讓公司的股價前進一步，等到三階段審查全部過關，公司自然已上市櫃，股價就會開始上揚。其中第二階段的審查最難過關，若真的要享受「新上市商機」，應該把握在第二階段即將或已經通過時，就必須先下手投資。等到第三階段通過之後，股價就自然會往上翻揚。所謂的新上市商機，是公司在興櫃轉上市的第二階段時審查時切入，商機才會出現！

長線投資價位浮現商機

很多長線投資人，喜歡在長線買點浮現之時，才進場買進股票，這就是所謂的「長線投資價位浮現商機」。

何謂長線投資價位浮現呢？通常長線投資者最在意觀察的均價線，就是年線。所謂的年線，就是一年以來投資人買進的均價。若目前的股價已經掉到年均價線之下，表示一年以來的投資人，平均都是虧損的。反之，若目前股價是在年均價線之上，那就表示一年以來，所有的投資人平均都處於獲利狀況。

而既然號稱是長線投資客，當然會在大家都還在受傷時，才進場投資，才有長線投資的意義。若在大家都還在賺錢時進場，似乎自己的買價，就比一年以來的所有投資人還高，那就不叫作長線投資，而叫「短線投資」了。

若以商機而論，短線投資要比較著重「買氣的有無」，只是憑買氣旺而買進，買氣會不會消失，誰也無法肯定。但是，若以長線投資來論商機，就比較著重在未來的商機性。因為它不是憑難以捉摸的買氣來決定，而是以多數人是否受傷來論定，這點其實比較科學。因為，如果能在多數人受傷時買進，等於你已經先贏過多數人，未來等多數人都恢復成本之後，就已經先獲利一段了！

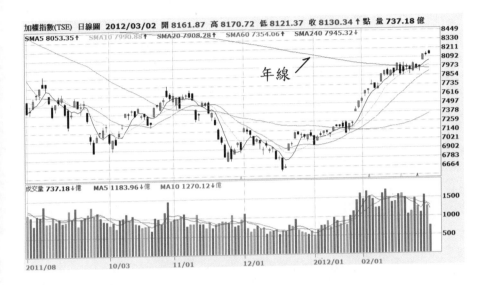

加權指數(TSE) 日線圖 2012/03/02 開 8161.87 高 8170.72 低 8121.37 收 8130.34↑點 量 737.18 億

年線

　　上圖就是台股加權指數的K線圖，而圖中最高的線那條
均線，就是年線，從圖中我們發現指數已經通過了年線，等
於是長線投資與短線投資兩者「正式換班」，指數在年線之
上，大部分的投資人都獲利已經從負轉正。這時候再進場，
就不能稱之為「長線投資人」，因為長線利益已經消失。若
當時長線投資人在2011年12月時開始進場，便在2月後，就
能享有長線投資一千點的以上的行情！

　　這就是長線投資價位浮現的商機，當權值股、藍籌股，
台灣50成份股，都已經處在年線之下時。恭喜你，這時候長
線投資的商機已經浮現。

　　股市永遠都是浮浮沉沉的，有漲就會有跌，有跌也會有漲，別害怕，這時候買進，你已經先贏了大部份人了，要獲利，雖不中亦不遠矣！

除權息商機

說到股市交易裡面的商機，屏除外力干擾，股市之中，每年讓股價會有最大變化的，莫屬於除權息時的變化，這便是除權息商機，也是筆者本人最喜愛操作，風險極低的商機模式。

承襲巴菲特最喜歡股東權益報酬率（ROE）指標高的概念，因為投資這種公司會把賺到的錢，回饋給股東的公司，最能看到投資收益。而公司要如何回饋給股東呢？當然是在一年之中的除權息日子，把獲利分成股息或股利分給股東，這便稱為「除權息」！

有賺錢的公司應該都要除權息，甚至，有些今年沒賺錢，但是，卻仍有保留盈餘的公司，也可以把保留盈餘分派給股東，讓投資者（股東們）不會覺得自己的投資都沒有任何收穫，但是，也有些公司有賺錢卻不分派盈餘，可能還要向股東增資，情況不一而足，得視各家廠商的需求決定。

而這除權息該如何轉換成商機呢？自然不可能所有的公司除權息，都能會有商機出現，通常會有商機出現的公司，一定要具備以下的條件

1. 高額的除權息金額
2. 高額的保留稅率
3. 低股價

　　一家公司若能有以上三項的除權息條件，大多會吸引投資人來買進，尤其是屬於長線投資的人！高額的除權息金額表示該公司獲利豐碩，才能分派高額的除權息金額。如果一家公司去年淨獲利EPS5元，公司認為可以全部給回饋給股東，那麼，經過股東大會通過之後，就可以擇日訂出除權息日子來實施配股、配息。至於配股還是配息，或者其中兩者有一定比例，都由股東大會決議。

　　以往投資人較喜歡配股，因為可以讓自己持股較多，另外，由於除權之後，會讓股價下跌的比例增大，更能吸引其他投資人參與，股價很容易拉升。

　　例如上例的公司，公司去年淨獲利EPS5元，若全部把獲利都轉為除權，當時該公司的股價，若是50元整的話，經過除權之後，股價當天就會只剩下37.5元。50元與37.5元感覺有很大的差距，通常會讓市場投資人，尤其是想低價買進該公司持股的人心動，於是買盤就會比較積極。

　　但是近年來，大家數學都學的比較好一點了。不會看不清楚其中的變化，所以，這招高除權的把戲，漸漸也行不通了。而且高除權為公司帶來的缺點，就是股本快速膨脹，上例的公司，若分發5元的股權，除權之後，若原本10億元的股本，就馬上增加至15億元。下一年度的公司獲利，股本基數就是從15億元起跳計算，若還是擁有同樣的獲利金額，隔年馬上就變成獲利衰退25％。這是讓經營者很傷腦筋的地

方。有些公司甚至反其道而行，乾脆減資，把股本打消至適
當的水準。

晶華(2707) 日線圖 2012/03/02 開 468.00 高 471.00 低 464.00 收 468.50↑元 量 104 張 +2.50 (+0.54%)

　　國內觀光類股股王台北晶華2007年宣布二度現金減資
15.56億元，每股將退還現金7.2元。若按證交所現金減資後
參考股價計算公式，減資後晶華股價高達360元，成為傳產
類股新股王。

　　減資後，台北晶華酒店的實收資本額由21億餘元減為6
億元，減資比達72％。一般企業都希望手上現金愈多愈好，
避免碰到臨時需要用錢的突發狀況。但台北晶華酒店卻接二
連三辦減資，成為台灣唯一退還現金給小股東的上市公司，

也算是另類的除權息商機！

所以，現在代替高除權的作法是高除息。高除權只能讓股東拿到更多的股票，若股價未如預期的上漲，發放更多的股票，只是替股東們帶來更多的損失而已。所以，近年來，上市公司流行改發放股息，也就是發放現金。發放現金的好處是股東們直接收到現金，直接收到公司去年獲利的金額。壞處是公司把現金發放給股東，公司就等同於沒有進帳，一切都回歸跟去年同樣的狀況。現在的投資人也比較喜歡拿到現金，畢竟，這是投資一年的成果，若股價已經損失了，最好能從這裡彌補一些過來！

至於第二項高額的保留稅率，則是筆者喜歡觀察的重點，也就整個除權息商機的重點。公司在分派給股東股息、股權之時，會替東們保留一些稅額，也就是先替股東們繳交獲利的稅金給稅政機關，我們就稱之為「保留稅率」。

保留稅率越高者，自然股東拿到的越少，但是，股東在每年報稅之時，反而可以扣抵不少稅金。若以一般上班族收入而言，大約一年要繳交收入之10～25%的稅金給稅政機關。若公司所扣繳的保留稅金超過這個數字的話，那麼參與除權息的人，在隔年報稅時，還可以從稅政機關得到退稅的優惠！所以，這保留稅率，自然是越高越好，越高的保留稅率，越會吸引更多的投資人參與投資，因為買進持股，除了除權息之外，還能退稅，自然受到歡迎！

　　至於第三項，當然是基本條件，若一家除權息5元的公司，又具有40％的高額保留稅率，股價目前就只有20元價位而已，會不會吸引很多的買家進駐，這當然是會的！只要該家公司未來展望不至太差，都很有機會填權。

　　以上三項條件組合起來，就會是一個完美的除權息商機出現。至於如何觀察前面一二項訊息，就請讀者多多參閱公開資訊站上的訊息，因為有關上市櫃公司的訊息，都必須在那裡發佈，那裡算是投資客每日必經之處！

外資、投信法人商機

在台灣的績優代表龍頭股——台積電（2330）在外流通的籌碼被外資買進超50%之後，台股便已經從散戶市場，正式宣告轉為法人市場。現在外資對於台積電的持股比例，更是高達76%以上，也就是說台積電的所有股東有超過3/4是外國人。台股更可以說是已經是不折不扣的法人市場。

現在能影響台股指數走勢的，除了法人不作別第二人想。它的好處就是法人籌碼不難抓，筆者每天晚上都會上網至交易所網站，去抓到投信、外資當天的買賣超個股。

以下四個表格，就是我在任職研究部經理時，每天晚上必作的功課。

前一日外資買超前50名

股票名稱	收盤	漲跌	漲跌幅	前一日外資買超
2327國巨	11.70	0.50	4.46%	8,427
2206三陽	21.05	0.30	1.45%	8,284
1504東元	20.60	0.20	0.98%	7,163
2385群光	55.30	1.80	3.36%	4,146
2324仁寶	37.40	-0.10	-0.27%	4,133
1314中石化	44.80	-0.35	-0.78%	3,515
2883開發金	11.05	-0.10	-0.90%	3,386
2303聯電	12.95	-0.10	-0.77%	3,111

股票名稱	收盤	漲跌	漲跌幅	前一日外資買超
2881富邦金	47.00	-0.80	-1.67%	2,915
2430燦坤	68.00	1.50	2.26%	2,882
2888新光金	12.45	-0.15	-1.19%	2,865
⋮	⋮	⋮	⋮	⋮

前一日外資賣超前50名

股票名稱	收盤	漲跌	漲跌幅	前一日外資賣超
2884玉山金	19.95	-1.00	-4.77%	-126,461
2002中鋼	30.10	0.20	0.67%	-24,840
2317鴻海	82.30	1.12	1.38%	-14,215
2882國泰金	43.20	-0.65	-1.48%	-13,658
3481奇美電	15.45	-1.15	-6.93%	-12,202
8069元太	59.90	1.70	2.92%	-9,754
3037欣興	51.30	-3.20	-5.87%	-8,069
2330台積電	72.00	-1.00	-1.37%	-6,496
2887台新金	15.40	-0.41	-2.61%	-5,887
3231緯創	48.50	-0.50	-1.02%	-4,908
2352佳世達	9.55	-0.60	-5.91%	-4,674
⋮	⋮	⋮	⋮	⋮

投資於「機」

前一日投信買超前50名

股票名稱	收盤	漲跌	漲跌幅	前一日投信買超
1402遠東新	46.25	-0.50	-1.07%	6,252
2892第一金	23.90	0.03	0.13%	3,325
8069元太	59.90	1.70	2.92%	3,316
1201味全	38.30	0.50	1.32%	2,323
1101台泥	45.60	0.15	0.33%	1,969
2504國產	15.95	0.45	2.90%	1,771
2854寶來證	21.60	-0.30	-1.37%	1,498
1905華紙	14.90	0.00	0.00%	1,213
8039台虹	67.60	-1.70	-2.45%	1,116
2801彰銀	22.80	-0.35	-1.51%	1,084
4725信昌化	128.00	0.50	0.39%	1,071
		⋮		

前一日投信賣超前50名

股票名稱	收盤	漲跌	漲跌幅	前一日投信賣超
2337旺宏	14.40	-1.05	-6.80%	-1,980
2455全新	54.10	-2.90	-5.09%	-1,890
2882國泰金	43.20	-0.65	-1.48%	-1,890
2201裕隆	75.40	-1.80	-2.33%	-1,806
2105正新	86.50	-0.90	-1.03%	-1,637

股票名稱	收盤	漲跌	漲跌幅	前一日投信賣超
1314中石化	44.80	-0.35	-0.78%	-1,520
2705六福	19.10	-1.40	-6.83%	-1,456
2890永豐金	12.50	-0.05	-0.40%	-1,300
1303南亞	79.70	-0.30	-0.37%	-1,200
2908特力	26.50	-0.90	-3.28%	-1,100
2891中信金	26.00	-0.45	-1.70%	-850
⋮				

　　天天抓法人買賣算是投資者必備之日常工作，就像做餐飲業的要準備食材、做運輸業的要加油一樣。常看法人進出表，就能漸漸發覺「外資、投信法人商機」，天天抓法人買賣的優點是第一可以培養對趨勢的敏感度、第二可以找到主流族群。

　　目前上市櫃公司高達二千餘家，一個人不可能觀察到所有的股市細節。所以，我們便要善用專業的法人，因為眾多法人不會串通好只買一檔個股，所以當法人常買進同一族群時，就等於告訴我們市場趨勢在哪裡，因為法人已經佔領台灣績優股龍頭的3/4，所以法人的方向就是趨勢。跟著趨勢走，就能抓到趨勢，也抓到主流股。

　　抓到主流股的好處是，就算沒有抓到最飆的個股，起碼

也能抓到同樣的族群。同樣族群股中，就算不是飆股，起碼也會有飆股的1/2漲幅。最起碼，就算沒賺到漲幅，至少起碼也能讓自己全身而退，不至於虧損、套牢。

以上四個表格，它提供筆者知道外資、投信最近在買賣什麼！常看、天天看，感覺再駑鈍的人，天天作那四個表格，也能知道法人的「商機股」。找到商機，有興趣短期投資者，就跟著短期投資一下，沒興趣短期投資者，就去了解個股的商機在何處？或許可以找出像宏達電、大立光等績優的長線投資標的出來。

找出外資、投信法人的商機，是最簡單，最不費功夫，就能獲利的方法，讀者一定要親自去嘗試探索看看！

技術跌深、突破商機

　　對於筆者而言，投資就像是農夫耕耘一般，需要時間與努力。筆者在上述各種商機中，下過苦工，尋找出可觀察的個股後，個股觀察名單就會鎖定在筆者的電腦中，這些名單可說是，已經從「初賽」中獲勝，已經達到了「準決賽」的資格了。這些「準決賽個股」名單，筆者會持續觀察當時鎖定的原因，有沒有產生變化。若是當初選定的原因已經變壞，就調降至初賽資格；若是持續變好，會繼續升級至「決賽」名單。到了「決賽名單」中的個股，就剩下埋伏的工作而已了。

　　埋伏什麼呢？埋伏它的買進契機！而何謂買進契機？就是我們本篇的標題「技術跌深、突破商機」。買進股票，不是隨便買、隨時買，是要找時機才買進的。有時候，看好一檔個股卻苦無時機可以下手，讓機會白白溜走。

　　這點筆者大概可以感受到巴菲特的困擾，巴菲特為何常在美國股市大跌之時，才買進他看好的個股？其實，這些個股早就被他所鎖定，只是價位一直未能達到他的理想價位，所以，就一直處於觀察名單。一旦股價出現他認定的買價之下時，他就會毫不猶豫的買進。他這樣的操作，也總能震撼當時的投資界。所以，當他買進持股之時，投資界往往也會喘口氣。因為就歷史記錄而言，當巴菲特買進持股之後，往

往距離低點時間也已經不多了。但是，巴菲特當時買進時，卻也總會市場評論，或褒或貶一番！

我們標題的第一項「技術跌深」也與巴菲特買進理由相似！鎖定個股出現技術性的跌深之時，通常也是筆者買進之時。因為那時候的個股「投資價值」顯現，雖然不知道，未來會不會真的翻揚上來。不過，那時候的價位，的確會吸引我去做跟巴菲特相同的動作，就是下手買股票。

通常會讓我在技術跌深時買進的個股，應該是在未來商機上有令我心動的題材。市場投資人眼光通常都是短淺的，只見到眼前利益，不會放眼於未來半年後的利益。但是，真正可讓投資決勝負的時間，大約是在未來的半年至一年之間。想要在短短的一週二週，甚至一個月就能馬上收穫，那是「神的事情」，不是巴菲特與我們能做的事情。所以，自然也無需期待自己能抓到短時間的商機。所以，技術跌深時，是很有長線買進的商機！

至於我們的「決賽」名單，若不是出現技術性跌深，反而是出現技術性突破，該怎麼辦？

「天下之事，不如意者十之八、九」股市不是我們個人開的，所以，股價也不能被我們所掌控，最理想的買進時機，當然是最低點、最低價時。但是，理想歸理想，事實上，很難會有這樣的情況出現。通常我們能鎖定的商機，應該也有別人會鎖定。若有人先發動，把股價拉升至突破技術

性的壓力位置時，該怎麼辦？

　　自然是恭喜投資人，這時候，因為已經不需要再等待，只要打開腮幫子大膽搶食即可！因為這時候的商機，已經由隱性轉變成顯性，越多人看到這商機浮現，不但產業面的商機浮現，連技術性的商機也浮現。身為我們「決賽」名單中的個股，這時候我們自然要跟上腳步，大膽買進！筆者在《籌碼商機論》一書當中，有一篇就叫做「野性才是美」，就是指技術性突破的狀況，應該要大膽買進。這時候，投資人應該要像攻城掠地的野人一樣，越野才會越美！

　　技術性的跌深，是長線的買點，技術性的突破壓力，則是短線的買點，以上兩者都是商機，都是未來的獲利契機。但是，請注意一下，是否出現騙線，至於如何知道是不是騙線呢？只有以「試水溫」的操作模式買進，才不會受傷！何謂「試水溫」操作模式，就是先小量買進，對了、獲利了，再加碼。若錯了！請停損，退回原地再研究。用「試水溫」方式當作保險是很理智、明確的做法！

　　揭露的商機，至此也已經達58類，大致上，再多的商機也不脫這58類的範圍。只要潛心研究以上的商機內容，肯定可以觸類旁通、舉一反三。這58類商機每一類都可以再衍生出無限多個小商機出來，只要抓住這58類的源頭，市場上光怪陸離的訊息，肯定難不倒你，很容易一眼就看穿他們的把戲！

後 記：

　　恭喜讀者，終於把五十八類的商機都看完了！看完以上琳瑯滿目的商機之後，是否會感嘆股市的廣博呢？沒錯！縱使窮盡畢生之精力，也沒辦法把股市投資給研究完備。幸好想要投資成功，也不用如此大費周章，只需把一項「能力」修練好即可！修練什麼能力呢？就是修練「拒絕誘惑」的能力！

　　投資股市獲利看似不勞而獲，但正因為看似賺錢容易。所以，也容易讓人迷失心志，讓人沉淪其中而不自覺。往往在進來股市之後，受到股價波動的影響，便把初始的「投資心態」給扭曲了，這時候請記得修練「拒絕誘惑」的能力！無論外界如何誘惑，還是要把「心態」給導正過來，拉回至「有研究」才能投資，「有商機」才值得投資的觀點上，才不會被誘惑住。

　　惟有用「研究」、「商機」的正確行為去對待股市，才能確實修練出「拒絕誘惑」的能力。一旦真的成功拒絕了誘惑，此時投資股市反而如魚得水，不會被市場牽著鼻子走，最後走進死胡同裡去！

　　股市不過是股權買賣的交易場所而已，並非洪水猛獸，一切且以平常心看待，別一心只想靠股市投資來發跡，也別想一夕致富，更別自己嚇自己，以為股價回檔一下，台灣就

會沉到海裡去了。一切投資都應以「未來的商機」當作考量,只要投資商機,以上的問題,一律迎刃而解,獲利自然也是水到渠成,不費半點力氣。

　　讀者若能做到這樣的境界,投資便是一件輕鬆愉快的事情,也不枉費筆者花費心力,整理商機資料寫完此書。最後,筆者留下可連絡到我的E-mail信箱:gwojoe@yahoo.com.tw。有興趣寫信給筆者的人,可從上述的E-mail信箱與我取得聯繫。

　　祝您 商機無限、投資愉快!

國家圖書館出版品預行編目資料

> 投資於「機」—股市58類商機大公開／黃國洲著
> －初版－臺北市，大展，2012〔民101.09〕
> 面；21公分－（理財投資；8）
> ISBN 978-957-468-897-5（平裝）
> 1.股票投資 2.投資技術 3.投資分析
> 563.53 101013431

投資於「機」——股市58類商機大公開

著　者／黃國洲

發行人／蔡森明

出版者／大展出版社有限公司

社　　址／台北市北投區（石牌）致遠一路2段12巷1號

電　　話／(02) 28236031‧28236033‧28233123

傳　　真／(02) 28272069

郵政劃撥／01669551

網　　址／www.dah-jaan.com.tw

E-mail／service@dah-jaan.com.tw

登記證／局版臺業字第2171號

承印者／傳興印刷有限公司

裝　　訂／建鑫裝訂有限公司

排版者／千兵企業有限公司

初版1刷／2012年（民101年）9月

定　價／280元

大展好書　好書大展
品嘗好書　冠群可期

大展好書　好書大展
品嘗好書　冠群可期